はじめに

我が家には、2人の娘がいます。
明るく元気でおしゃべり好きな長女。
クールで多くを語らない、謎多き次女。

性格のまったく違う娘2人と
父親役を兼務する私の、女3人家族です。

良好な親子関係を保ちながら
時には厳しく、時には友人のような関係で
毎日、笑いの絶えない一家です。

楽しい一家ですが、問題も抱えています。
この春に高校を卒業する下の娘の「反抗期問題」です。

反抗期と言っても、無視したり返事をしない程度の
可愛らしい反抗ですが……。

書名にも入っている「嫌がらせ弁当」は、そんな次女に対する
私のささやかな抵抗としてスタートしました。

なんとなく始めた"嫌がらせ"という名目のキャラ弁当は
いつからか、私と娘のコミュニケーションへと変わっていきました。

お弁当作りはとても大変で、逃げ出したくなる時もありましたが、
目的を持ったお弁当作りは、毎日を楽しくしてくれました。

もちろん私は楽しくても、クールで口数が少なく、キャラ弁とは
縁遠い雰囲気を持つ娘は、いつも弁当箱の蓋を開けるのが
憂鬱だったと思いますが…。

お弁当を作る楽しさを知り、
自分のお弁当を誰かに見てもらいたいと思って始めたブログは、
日を追うごとに読者が増え、アクセス数も上がりました。

ランキングの上位に顔を出すようになってからは、
たくさんの方々からコメントを頂くようにもなりました。

嬉しいコメントもあれば、辛らつなコメントもありましたが
ブログの更新を楽しみにしてくださる方々のおかげで
お弁当作りもブログも続けられたのだと思います。

書籍化のお話を頂いたときは、自分のブログが本になり
書店に並ぶなんてことは想像もできませんでしたが、
2人の娘、そしてブログを読んでくださった皆様のおかげで
実現できたのだと嬉しく思っています。

ちなみにブログの主人公である下の娘はと言うと
私のブログ、書籍、ともに興味がないのかノーリアクション。
相変わらずクールを保った娘です。

娘が高校に入学してから卒業するまでの3年間、
来る日も来る日も作り続けたお弁当を通じて、
私自身が本当に色々なことを学び、
そして娘にはたくさんのことを伝えられたと思っています。

親子のコミュニケーションは大切で
様々な形があっていいと思います。

我が家の場合は、少し変わったコミュニケーションでしたが、
反抗期真っ只中のお子さま
子育てに奮闘する親御さま
これから家庭を持つ若い世代の方々

多くの方に読んで頂き、笑って、泣いて
楽しんでもらえたら嬉しいです。

ttkk（Kaori）　　　　ttkkの嫌がらせのためだけのお弁当ブログ　http://ameblo.jp/kaerit/

はじめに……………………………………………………………………………………… p2

2012年「嫌がらせ弁当 1年目」～始まり～

気を付けろ赤ずきん！　p8／オヤジの恋　p10／サマーラブ　p12／寝坊
オヤジ・オヤジのスイカ愛　p14／な？　怖いだろ？　p16／走れとは言
わん！　せめて…　p18／呪いのランチタイム　p20
オヤジも応援！　文化祭‼　p22／箱出せや　p24／片付けなさい　p26

お弁当テクニック1　「海苔はどうやって切ってるの？」　………… p28

2013年「嫌がらせ弁当 2年目」～反抗真っ只中～

これが普通の女子高生　p32

Column　ttkk家の日常1　……………………………………………… p34

Column　ttkk家の日常2　……………………………………………… p35

安眠妨害　p36／100％保証　p38

Column　ttkk家の日常3　……………………………………………… p40

ママの気持ち　p42／晴れた日のうるおい大使　p44

Column　ttkk家の日常4　……………………………………………… p46

朝弱すぎ　p48／飲みたい‼　p50／ひと押し500円　p52

Column　ttkk家の日常5　……………………………………………… p54

ハサミにご用心　p56／にほんの夏　p58／おーーい！　p60／ラストハ
ロウィン　p62／食欲減退　p64／オヤジも祝うぞバースデー　p66
出オチのカップ麺　p68／迅速、確実にお届けします　p70／タモさんが
聞く　p72／年の瀬までガンガン行くで　p74／サンタもおねだり　p76

お弁当テクニック2　「ウインナーの顔はどうやって作るの？」　… p78
お弁当テクニック3　「モアイの顔はどうやって作るの？」　……… p80
お弁当テクニック4　「キャラの色はどんな食材で再現しているの？」… p81

2014年「嫌がらせ弁当 3年目」～高校生活、残り1年～

カワイイけど実は猛獣　p84／5000円札の人　p86／厄落とし　p88

Column　ttkk家の日常6　……………………………………………… p90

ビタミン補給はコレ　p92／ピザ攻め　p94／叫びを聞け！　p96／マツ
コからの祝辞　p98／昨晩のオヤジ　p100／蠍座の女（17歳）　p102／
八つ当たり弁　p104／視力検査　p106／てつこの部屋　p108／毎日弁
当なわけで…　p110／似てるだろ　p112

Column　ttkk家の日常7 ………………………………… **p114**
Mother's Day　p116／どの部位が好き？　p118／本音吐露　p120
縁遠い四文字熟語　p122／割れた液晶画面　p124
エガちゃんも応援　p126／睡眠ぶそ句　p128／仏様のお告げ　p130

Column　ttkk家の日常8 ………………………………… **p132**
徒歩通学、推奨　p134／エガちゃん再び　p136／25年前の記憶　p138
鶏時計　p140／山下画伯なんだな　p142／クリスも言ってる　p144
雷様　p146／ZEROつながり　p148／どんな味？　p150
元気があれば…　p152／MR.BBQ　p154／解けるまでお預け　p156

Column　ttkk家の日常9 ………………………………… **p158**
ダメよダメダメ　p160

Column　ttkk家の日常10 ……………………………… **p162**
1斤丸ごと　p164／先生頼むよ…　p166／魚強化週間　p168

Column　ttkk家の日常11 ……………………………… **p170**
ポイントはどう読むか　p172／読めるかな〜　p174

Column　ttkk家の日常12 ……………………………… **p176**
いろいろ寒い　p178／いますぐ食べたい　p180／2014流行語大賞
p182／図解・ここがポイント　p184／打倒インフルエンザ　p186／マ
ツコサンタの小言　p188／大きく口を開けて！　p190

2015年「嫌がらせ弁当 4年目」〜そして卒業へ〜
まだまだ続く　p194／最後の小言〜その1〜　p196／最後の小言〜その
2〜　p198／最後の小言〜その3〜　p200

手紙1 ………………………………………………… **p202**
嫌がらせ弁当・完 ……………………………………… **p204**
手紙2 ………………………………………………… **p206**

2012年「嫌がらせ弁当 1年目」〜始まり〜

私たち家族は、伊豆諸島のひとつ、八丈島で暮らしています。
長女のほうはすでに独立して家を出ていて、
私とバトルを繰り広げる次女……この本の主人公は
毎日、島にある高校に通っています。

下の娘は生意気盛りとはいえ、ごく普通の高校生。
本土から300km近く離れた、自然いっぱいの環境の中で、
平凡と言っていい日常を過ごしています。

そして私はというと、料理やお菓子作りが好きな
いたって普通（!?）の母親。
いつもはお土産屋さんの工場で働いていて、
それ以外に内職で小物を作ったりもしています。

私が"嫌がらせのためのお弁当"を作るきっかけとなった
娘の反抗期ですが、時期としては
ちょうど高校に進学したあたりから。
少し遅めかな、と思います。

下の娘は昔から姉に比べて警戒心が強く
簡単には心を開かないタイプ。
寂しがりやの姉とは違って1人でも大丈夫で、
常に「人は人、自分は自分」とマイペース。

口数も多いほうではないし、
クールに振る舞うのも彼女の個性と言えば個性なんですが、
年を重ねるにつれ、ちょっとした反抗を見せる場面も増えてきて
それにカチンと来た私が、仕返しの意味を込めて
お弁当作りを始めたというわけです。

最初はあくまでも娘に対する
一方的な嫌がらせが目的でしたが
日々お弁当を作り続けるうちに楽しくなってきて

「誰かに見てもらいたい」
という欲求が芽生えてきました。

試しにブログを始めて写真を載せてみたら、
びっくりするくらいたくさんの人から反応を頂いて
いつしか、それが快感に（笑）。
元来お笑い体質だった、私の性格も影響しているのかもしれません。

料理をすることは昔から好きでしたし、
細かい作業も嫌いではありません。

なので、お弁当を作ること自体は問題ないのですが
やはり毎日「嫌がらせ」というコンセプトを貫きながら
違うネタを盛り込んでいくのは大変。
それでも、途中からは意地になって作り続けました。

そんな私の心の内を知る由もない娘は、
ウザイウザイと呟きながらお弁当を持って登校していましたが
まさかこの嫌がらせが高校を卒業するまで続くなんて、
夢にも思わなかったでしょう。

高校1年生の頃の娘といえば、自分のキャラにそぐわない
日々のお弁当にかなりの抵抗があったようで、
「普通のお弁当希望！」と、必死にアピールしていましたが
私も始めてしまった以上、簡単に引っ込めるわけにはいきません。

決めたことをやり通したいという私の意地が半分、
娘への仕返しの気持ちが半分。

まだまだ手探りながら、
お弁当作りに楽しさを見出しつつあった時期のブログが
この章にまとめてあります。

2012年6月22日（金）
お弁当名：気を付けろ赤ずきん！
ブログタイトル：毎日

【材料】
- プチトマト
- ブロッコリー
- 芋ゆかりかけ
- 蓮根きんぴら
- たまご焼き
- オクラハム巻き
- シソ梅肉巻きフライ
- ウインナー

ママの口が大きいのはお前を怒鳴るためさ！

お天気の悪い毎日。
皆さんいかがお過ごしですか?

空の機嫌は、悪いまま🌀
そんな悪天候のため
飛行機欠航6日目🛫
空の機嫌は、いつ直ることやら…。

空とともに気分もどんよりな毎日。

まじ憂鬱〜。
な〜んにもしたくない。

それでもやらねばならぬことがある。

私、毎朝、可愛いけど憎たらしい娘への
"嫌がらせ"のお弁当を作っています。

キャラ弁を始めてから
気づいたら45日。
毎日のキャラ弁はかなり辛い…。

でも…

娘が生意気な態度をあらためるまで
続けてやると決めたからには、
やめるわけにはいかないのです🌸

よくやってます
私…。

2012年6月26日（火）
お弁当名：オヤジの恋
ブログタイトル：オヤジ

【材料】
- ブロッコリー
- もやしナムル
- たまご焼き
- 芋ゆかりかけ
- かまぼこ
- ウインナー
- 唐揚げ

ママだって、オヤジにはモテるんよ！

梅雨もひと休みでしょうか…。
お天気の落ち着いた1日。

皆さん
いかがお過ごしだったでしょうか?

昨夜
とても楽しいお兄様方とお酒を共にしました。
お兄様というかオジ様?

楽しませなければいけないのに
逆に楽しませてもらったみたいなね。

そんなオジ様が頭から離れず
今日のお弁当のテーマは
オヤジ✨に決まり。

ただのオヤジ弁当はつまらん。
と、言うことで
ストーリーを決めて作ったさ。

あ〜
明日も天気いいといいなぁ〜。

2012年7月25日（水）
お弁当名：サマーラブ
ブログタイトル：バタバタ…

【材料】
- ブロッコリー
- サラダスパゲッティ
- オクラハム巻き
- かまぼこ
- たまご焼き
- ウインナー
- 唐揚げ

弾ける夏！　お前も弾けろ！！

私…疲れてます。
毎年この時期は疲れます🎐

夏は何かと忙しい。
そんな忙しい中でも楽しまないと🎶ってことで
昨夜は友人とお祭りに出かけました。

行くまでは、とてもとてもハードなスケジュール。
仕事を終えて帰宅。髪のセット。
浴衣に着替えてから、4人の浴衣の着付け…。

ま、浴衣を着られたわけですし、
祭りうちわを楽しんできましたけどね。

今日はのんびりまったり。
と、いきたいですが
本日もかなりのハードスケジュール⛩

ありがたいことに、今日はお弁当はいらないので
助かりましたけど🎶

昨日のお弁当ですが、たまには
サンドイッチもいいかなと。

でも、サンドイッチだとキャラ弁は考えます。
娘への嫌がらせはやめるわけにはいかないので
悩み悩んで…
テーマはサマーラブ💗

2012年8月9日(木)

お弁当名：朝・寝坊オヤジ
　　　　　昼・オヤジのスイカ愛

ブログタイトル：早起き

【材料】
・プチトマト
・オクラ胡麻和え
・うずらのたまご
・たまご焼き
・ウインナー
・唐揚げ

朝

【材料】
・オクラハム巻き
・マカロニサラダ
・たまご焼き
・ウインナー
・唐揚げ

昼

娘への
ひと言　夏休み…休みてぇ〜！

皆さん
おはようございます。
今日の目覚めはいかがでしたか？

かなり早起きをしてしまった私。

そして娘のお弁当🍱

何で夏休みに学校があるかな…。
ま、文句を言っても仕方がない。
遊びに行くわけでもないし。

そんな夏休みでも、
嫌がらせのキャラ弁はやめません。

面倒なことに
「朝弁もよろしく！！」
と言いやがった娘。

普通に家で食べてけよ💢

余計にムカついたので
朝もキャラ弁にしてやったさ

イメージが湧かないなか
ふと見た先に、娘のキモカワおやじ柄の靴下。

考えるのも面倒で、そこからイメージし、
「オヤジの夏」をテーマに✨

2012年9月5日（水）
お弁当名：な？　怖いだろ？
ブログタイトル：涼しくなって…

【材料】
・プチトマト
・ブロッコリー
・ポテトサラダ
・うずらのたまご
・かまぼこ
・鶏肉フライ
・ウインナー

残暑見舞い。身も心も凍りつけ！

夏も終わりに近づき
寝苦しい夜ともさよなら。

秋はそこまで来ていますよ。

皆さん
おはようございます。

忙しかった夏が過ぎ去りつつあります。
夏、バタバタと忙しい仕事場はだいぶ静かになり
仕事がなくなってきました。

例年、忙しい夏を過ぎてもまだそこそこ忙しかったはずなのに
なぜか、パタっと動かなくなったお菓子。
ど〜するの〜😀

暇になると早帰りが増える。休みが増える。
大変大変💦

暇にならぬよう、内職、やらねば😈

2学期が始まり、お弁当2日目。
前からどうしてもやりたかったキャラ弁。
キャラ弁になるのか!?

ま、そうであっても、そうでなくても、暑さを吹き飛ばし
涼しくなってもらおうじゃないか!!
ってことでね😈

確実に食欲なくすわな⚱

2012年9月19日（水）
お弁当名：走れとは言わん！せめて…
ブログタイトル：娘よ

【材料】
- とうもろこし
- オクラハム巻き
- プチトマトのツナマヨ詰め
- ナスとピーマンの味噌炒め
- うずらのたまご
- たまご焼き
- 唐揚げ
- ウインナー

 お前は社長か！！

雨なのか、晴れなのか…。
不安定なお天気です。

皆さん
こんにちは。

昨夜はお仕事だったので、本日の昼仕事は
お休みさせてもらってます。

夜仕事のときは遅くまで飲むので
次の日の朝は寝ていたい。

車の運転もつらいので
娘には「送れない」と宣言をします。

が、望み通りには行かぬもの…。
いつもと変わらず起きる。

お弁当は気分が乗らないので届けることに。
ちょっとだけと、ウトウトしていたら

「送ってって」と娘が言う。

「はっ!? 夜仕事の次の日は送れないって言ってるじゃん❀」
私はキレる。

ムカつくが、雨も降ってるし送る羽目に…。
そんな娘へ願いを込めた、本日のキャラ弁。

【材料】
- プチトマト
- ブロッコリー
- 蓮根きんぴら
- ポテトサラダ
- たまご焼き
- 鶏肉フライ
- ウインナー

娘への
ひと言　怒らすな。怖いのは貞子よりママですぜ。

皆さん
おはようございます。

毎日キャラ弁を作っていると
普通のお弁当がどんなだったか忘れてしまいそうになります👐

普通のお弁当に戻したいけれど、嫌がらせはやめられません。

「昨日のお弁当、友だちに笑われた…」
と、娘からメールがきました。

ふっ、ざまーみろ🔱
勝った気分になり、娘に「歩かないのが悪い」
と返信したところ

「はぁ～歩かないし」
と、ムカつく返し…。

でも、なんだかんだ言う娘ですが、昨日は徒歩で帰宅。
そして今朝も歩いて登校しました。

一応、考えたんですかね🐛

本日は、貞子…。
指にハマったかも🐛

恐怖＝手、指みたいな感じ。
なぜだろう？？？？？？？

2012年9月22日（土）
お弁当名：オヤジも応援！文化祭！！
ブログタイトル：土曜ですが…

【材料】
- プチトマト
- ピクルス
- ブロッコリーベーコン巻き
- ポテトサラダ
- たまご焼き
- エビフライ
- ウインナー

娘への
ひと言　気合いだけで走り抜け！！

皆さん
おはようございます。

土曜日です。
お仕事は、お休み。

眠れる〜〜〜〜〜🐰

いやいや
今日もお弁当ですから💦

本日
文化祭、生徒公開日。

この日のために夏休みも登校。遅くまで準備。
頑張ってきたんですよね〜。

楽しい文化祭になるといいね🐰

そんなんで私の頭の中は
文化祭の文字しかなく…。

文化祭アピールキャラ弁✨

明日は
いよいよ文化祭本番です。

今日は
飲み過ぎないようにしなきゃ…。

2012年11月22日（木）
お弁当名：箱出せや
ブログタイトル：思いを込めて…

【材料】
- プチトマト
- 蓮根きんぴら
- ハムチーズ
- ポテトサラダ
- たまご焼き
- かまぼこ
- 唐揚げ
- ウインナー

洗うのは誰ですか？

皆さん
おはようございます。

少しばかし寝坊した私。
朝からバタバタの支度。

ん？　んん？？

お弁当箱が出てないじゃないか〜〜〜〜🍱

これ
一番ムカつくこと💢
ちゃんと洗い物に出せや💢

そんな思いを込めて…。

これ系
友だちにかなり笑われるらしい。
お昼が楽しみだ♪

笑われてしまえ〜〜⚓

2012年11月27日（火）
お弁当名：片付けなさい
ブログタイトル：ムカつくから…

【材料】
・ブロッコリー
・ほうれん草胡麻和え
・ポテトサラダ
・たまご焼き
・シソ梅ちくわ巻き
・唐揚げ

娘への
ひと言　もう1回言う。洗う人の身になれよ。

皆さん
おはようございます。

昨日の台風並みの天気は過ぎ去り、
本日はいいお天気になりました。

天気がいい日は散歩が最高!!
なんて言ってみた。

散歩なんてしませんけどーーーーーーー🌀

最近やたらとムカつくことがあります。
娘の「片付けない」という行動❇

お菓子のごみはそのまま。
食べた皿はそのまま……。
言ったらキリがありません。

そんなムカつく気持ちをお弁当に込めて💞

てか、またこれかよ…。
きっと娘は思うだろう。

仕方ないさ。
あなたがきちんとしないのが悪いんですもの。

ま、本当は、キャラに困ったから
これなんですけどね〜🎨

column お弁当テクニック

ブログ読者から多かった質問No.1

Q 海苔はどうやって切ってるの？ にお答えします！

文字や絵を自在に表現できる海苔は、嫌がらせ弁当を作る際に重宝していました。紙に写した文字や絵を切り出すので、イメージ通りに仕上げやすいはずです。

用意するもの

①カッティングボード
②トレーシングペーパー
③ピンセット
④カッター
⑤ナイフ（包丁）
⑥スライスチーズ
⑦海苔

作業工程

1. 切り抜きたい文字や絵を写す

切り抜きたい文字や絵の上にトレーシングペーパーをのせボールペンでなぞって書き写す。

2. パーツごとに海苔を切り抜く

カッティングボードの上に海苔を置き、トレーシングペーパーを重ねてカッターで切り抜く。

3. 細部までキレイに切り抜く

時にはカッティングボードごと回転させながら、丁寧に千切れないように切り抜いていく。

4. 切り抜いたら一度並べてみる

すべてのパーツを切り抜いたら配置を想定して並べ、間違いや欠損がないかをチェックする。

5. チーズを下敷きにして並べる

スライスチーズの上に切り抜いたパーツを並べる。フィルムなどで押さえ、定着させる。

6. 使いやすいようにカットする

並べたときの構図をイメージして、不要な部分のチーズをカットし、バラバラに切り分ける。

整然と配置して完成！

完成！

全体の配置のバランスを見ながら、ご飯の上など、平らな部分に並べていく。

29

2013年「嫌がらせ弁当 2年目」〜反抗真っ只中〜

嫌がらせを始めて2年目になると、
さすがに娘も改心して従順になるかと思いきや、
反抗期がさらにパワーアップ！
お弁当作りにもますます力が入り始めます。

このころから、私のお弁当に込める思いが若干変わってきました。
「嫌がらせ」というコンセプトは変わっていないのですが、
よりメッセージ色が濃くなっていった気がします。
「何かを伝えたい」という思いが増えていったんです。

ただ面白いネタで攻めるのではなく
意味のあるテーマを盛り込みたい、と。
とはいえ、ユーモアは失いたくなかったので
ネタを考える作業はずいぶん大変になりましたが。

もちろん、娘に対する苦情や苦言のようなものもあるので、
いずれにせよ彼女にとっては
嫌がらせ以外の何物でもなかったでしょう。

当時の娘は相変わらず、基本的にお弁当のネタには無反応ですし
「普通のお弁当希望！」の意志は変わらないようでした。
ごくまれに、私がお弁当に込めたメッセージに
なんとなく応えてくれたことはありますが、
あれは大人の対応だったのか、単なる気まぐれだったのか…。

成長しているんだろうけど、子どもじみた反応もする。
思春期の女の子の難しいところです。

反抗期真っ盛りとはいえ、
いま一緒に暮らしているのは、私と下の娘の2人きり。
お互いにムカついても、ケンカをしても、
なんだかんだ言って、コミュニケーションは取らざるを得ません。
そんな関係の中で、お弁当がちょうどいい形で2人をつなぐ

コミュニケーションツールになっていたのかもしれませんね。

下の娘と2人で暮らしている、と言ったのは、
上の娘がすでに独立しているからということに加え、
私が離婚を経験しているから、という事情もあります。
シングルマザーになって12年。
両親がいて、家族全員が毎日笑顔でいられたら
何の問題もないのでしょうが、現実は上手くいかないもので…。
娘たちも父親がいたほうがいいと思うことはあったはずですが、
家族で話し合い、納得した上での結果だったので
昔もいまも、父親がいないことに対して何も言ってきません。

シングルマザーになったことで、
一緒にいてあげられる時間は少なくなりましたが、
娘たちへの接し方が変わったことはありませんし、
娘たちが前向きな性格だったのも幸いして、
何とか楽しい毎日を過ごしています。

長女が自立のために家を出たのは、高校を卒業して4カ月後。
その時、次女は特に寂しがるでもなく、淡々としていました。
まあ、同じ島内に住んでいるわけで、
しょっちゅう顔を合わせているのですから、
当たり前と言えば当たり前なんですが。

娘たちは歳が離れているせいもありますが、
幼いころからいつも一緒に遊んでいたという印象はありません。
でも、とても仲良し…だと思います。
たまにどちらが姉でどちらが妹だかわからない時もありますが、
いざという時には妹が姉に相談に行ったりして、
結構うまくやっているみたいです。

私も含め、女ばかりの家族ですが、
お互いの距離感は絶妙なんだと思います。

2013年2月14日(木)
# お弁当名：これが普通の女子高生
ブログタイトル：最後の…

2013年2月7日(木)

【材料】
- プチトマトツナマヨ詰め
- 蓮根きんぴら
- 芋ゆかりかけ
- 明日葉生ハム巻き
- たまご焼き
- かまぼこ
- 唐揚げ
- ウインナー

娘への
ひと言　本命チョコ、渡す人いないだろ。フッ。

2月のイベント。
バレンタインデー当日。
世の中は誰もがウキウキしてることでしょう。

皆さん
おはようございます。

ちゃんとチョコの準備は出来ていますか!?

本命も義理チョコも、あとは渡すだけ〜。
そんなバレンタイン。
昔は好きな人にチョコを…。

いつからか義理チョコというものが登場し
今では「友チョコ」という
女の子同士でチョコの交換をするというシステムがあり…。
準備するほうは大変よね💧

我が娘、40人近くの友チョコ作り。
何時間かかったことか……。

そしてお弁当もバレンタイン仕様。

1週間前の2月7日「サッカー部のカレに恋をする…」を
テーマに作ったキャラ弁のその後の話。

バレンタインキャラ…
大変お世話になりました。

ttkk家の日常 1

娘は、毎日のキャラ弁を心底やめてほしいと思っている。

2013年2月27日　ブログタイトル：やめてほしい事…

娘が学校に登校してすぐに
メモが記されている紙の写真をメールで送ってきた。
聞けば、国語の授業でプレゼンをするらしい。

「家族にやめてほしいこと」をプレゼンとか…。

娘がプレゼンする内容は

キャラ弁らしい。

あ〜〜〜キャラ弁ね〜。

やめませんけどー

だって
嫌がらせですもん。

嫌がらせは

やめられません。

娘よ。プレゼンなんて
無駄ですぞ

ttkk家の日常 2

娘の安堵の笑顔こそが嫌がらせへの原動力。

2013年3月14日　ブログタイトル：再び

娘のテストも終わり、お弁当再び。
テスト期間中
「お弁当はいらないが、おにぎりを作って」

と言われ
キャラおにぎりで嫌がらせを…と思ってはいましたが、
姪や友人に頼まれたお弁当作りで

すっかり忘れておりまして…。

いたって普通のおにぎりを持たせました。

キャラじゃないおにぎりを見て

満面の笑みで登校する娘。

そんな娘を見たら、

なんだかムカつき…。

絶対にキャラ弁はやめない
そう心に決めました。

2013年3月15日（金）
お弁当名：安眠妨害
ブログタイトル：止めろよ…

【材料】
- ブロッコリー
- ほうれん草ナムル
- 芋ゆかりかけ
- たまご焼き
- 海老のマリネ
- 豚肉のトマト煮
- ウインナー

娘への
ひと言　計8回。プチテロやめろ！

ピピピピ♪ ピピピピ♪ ピピピピ♪

5時前から鳴るアラーム。
壁1枚向こうには娘の部屋。

鳴り続けるアラームにも気づかず、眠り続ける娘。
やっと止まったかと思えば、
さらに20分おきくらいに鳴るアラーム…。

止めろよ※

1回なら許せるが、そのアラームは7時半まで続きます…。

皆さん
おはようございます。

朝、早くから娘のアラームに眠りを邪魔され
気分が悪いです※

なぜ、鳴り響くアラーム音に気づかないのでしょうか…。
かなり大きな音なんですよ。
それでも止めない娘の頭の中を覗いてみたい※

眠りをジャマされたままではムカつくので
耳もとでフライパンでも叩いてやろうかと思ったけど
近所迷惑になるので、やめておきました。

どうにか伝えたいと悩んだ末
やっぱり嫌がるお弁当で攻めるしかない!!

お弁当に思いを込めて…。

2013年4月27日（土）
お弁当名：100％保証
ブログタイトル：土曜なのに…

【材料】
- プチトマト
- ブロッコリーと蓮根のサラダ
- 芋ゆかりかけ
- 海老のマリネ
- うずらのたまご
- たまご焼き
- 笹カマコーン
- 魚フライ
- ウインナー

運動不足のお前さん、さぞかしキツかろう。

あ〜、明日、早いし
少しだけ飲んで帰ろうかな…。

そう言いながらも
帰宅した時間はなぜか夜中の3時

お弁当のことを忘れていたわけではないけれど
3時はないわな…。

皆さん
おはようございます。

本日土曜だというのにお弁当…。
なぜ？

なぜなら娘が遠足だからーーーーー

土曜にお弁当作りとかさ、ありえないし〜
ただでさえ休みモードでやる気ないのに
昨日の飲みすぎも加わり、最悪な土曜日さ

ま、朝が早いのをわかっていながら
遅くまで飲む私がいけないんだけどね
毎度のことだけど暴走犯

遠足は、八丈富士山登りらしいです。
山登りとか…あ・り・え・な・い・か・ら〜〜〜〜〜〜

娘よ、明日は確実に筋肉痛
思いを込めてメッセ〜ジ

ttkk家の日常 3

プレゼントをもらったはずなのに 喜びきれないことがある。

2013年5月7日　ブログタイトル：バイト代

4X歳の誕生日。
たくさんの方から祝ってもらい
素敵なプレゼントまでいただきました。
もちろん可愛い？我が子たちからも🎵

長女からは懐かしい〜写真にデコ文字をプラスしたメール。
下の娘は…。

春休みにバイトしたバイト代が今日支払われたんだけど、
頑張った結果が1万3千円というなかなかの金額。
張り切って「1万3千円入金!!」とメールしたら

「あげる」と返信が来た。

????　いや、バイト代よ？💧

待てよ…。昨晩張り切って餃子を作ったけど
フライパンがダメだったか、くっついてしまい
無残な姿の餃子ができた。それを見て娘が
「誕生日プレゼント、フライパンね」
と言ってたな…。

「もしかしてフライパン買えってこと？」とたずねたら
「そうそう！！」と返事が来た。

40

いや…頑張ったバイト代だし…そんな額もらえないし…。

プレゼントがフライパンじゃ嫌だし…

でもフライパン欲しいし…。

悩んだ末、買ってもらっちゃいました😊
いつも憎たらしい娘だけど

なんだかいい奴に思えてきた

が！！

フライパンの金額は3千円。
残ったお金は
結局「やっぱり返して」という娘のもとへ。
気持ちだけで、と安く済ませたのに…。

しかもその後、やたら高い日焼け止めクリームを

私に買わせるというね

よかったのか悪かったのか…。

ま、気持ちが嬉しいので、娘はいい奴ってことに😊

2013年5月8日（水）
お弁当名：ママの気持ち
ブログタイトル：再開

【材 料】
・プチトマト
・ブロッコリー
・蓮根サラダ
・ししとうチーズ
・芋ゆかりかけ
・たまご焼き
・ハム
・豚しょうが焼き
・ウインナー

娘への
ひと言
世の中いい人ばかりじゃないぞ（笑）

ひさしぶりの5時起き？
と言っても、普段から5時頃には目が覚めるんですけどね💧

皆さん、おはようございます。
昨日から学校も始まり
外では子どもたちの元気な声が聞こえてきます。

そして娘のお弁当も本日から再開。

連休明けでひさしぶりのお弁当。楽しいような面倒なような…。
それでも作らねばならぬのです🐰

お弁当、毎日のように嫌がらせだけで
キャラ弁当を作り続けていますが…
昨日「我が娘って実はいい奴？」と感じてしまいました。

そう思ったら、嫌がらせはしてはいけない…
キャラ弁をやめてやろうじゃないか〜
そう考えました。

が!!　そんなに人生は甘くないということを
教えなきゃいけない身分ですので
引き続き、嫌がらせのキャラ弁はやめない🎵

だが、ひさしぶりなもんでアイデアが浮かばない…。
そんなもんで、昨日、買ってもらったフライパンの
お礼もかねてママの気持ちキャラ弁✨

まだやるのかよ……
うざい🐰といいながら、弁当を食べる娘が目に浮かぶ🐰

43

2013年5月9日（木）
お弁当名：晴れた日のうるおい大使
ブログタイトル：パサパサ

【材料】
- ・プチトマト
- ・ブロッコリー
- ・ほうれん草胡麻和え
- ・里芋の煮物
- ・サラダスパゲッティ

- ・笹カマコーン
- ・たまご焼き
- ・かまぼこ
- ・唐揚げ
- ・ウインナー

娘よ、頑張って食すのだ！！

なんか作って🎬
毎日のようにお菓子を作れと求める娘。

たまにはおやつでも作ってやるか♪　と思い
買ってくれたフライパンでクレープを作りました✨
ウキウキで作り、娘の帰りを待ち〜

私「お帰り〜おやつあんぞ〜」
娘「何？」
私「クレープ💕　食べる？😋」
娘「は〜いらないし。今、友だちとケーキ食べてきたから」

張り切った私って…。

皆さん、おはようございます。
毎日天気がいいと、気分もいいよね♪
だ〜け〜ど〜乾燥がすごい🌼

ただでさえ乾燥肌な私には辛いっす…。
そんな乾燥を防ぐためにお世話になっている
うるおい大使さん💕

化粧前にも、化粧後にもシュッて一吹きスプレー。
潤いが出るか出ないか…。本日も乾燥が気になる………。

ということで、うるおい大使さんが今日のモデル。
誕生日に友人からもらった2段のお弁当箱。少し大きめ。

娘に「でかいんじゃね!?」と言われましたが
張り切って使いました！！！！

45

ttkk家の日常 4

ママにも謎の姉妹関係。
時折、結託して行動する。

2013年5月13日　ブログタイトル：海

「暗いし、寝てんじゃね？」
なにやら娘2人がブツブツいいながら
家に入ってきた。
寝てないですから💢

「母の日だからさ〜」

あ〜〜〜〜〜

2人から素敵なプレゼントをいただきました。

やばい…可愛すぎる…。

ひとつは象さんのお尻の置物。
このお尻。流木なのか、
木を彫って作ってあるんです。
素敵ですよね〜。

もうひとつ。

サボテン

プレゼント

長女「花にしようかと思ってたんだけど、
ママ、すぐ枯らすからサボテンにしたんだ〜。
でもね、妹は

サボテンも枯らすぞ

って言ってた」

・・・

確かに花もすぐ枯らすし、サボテンも枯らしますよ。
でも前に可愛がってたサボテンは4年間もったし…。

大丈夫！！　頑張って可愛がるから

普段は仲がいいのか悪いのかわからない姉妹。
この日だけは2人で買い物。

なんだかいいですよね

47

【材料】
- ブロッコリー
- きんぴらゴボウ
- うずらのたまご
- ゆでたまご
- 海老のマリネ
- かまぼこ
- 唐揚げ
- ウインナー

娘への
ひと言　次はないと思え。

なんだかすっきりしない頭の中。
ここ数日、微妙に頭痛が続いています❄

皆さん
おはようございます。
とってもいいお天気です。

こんな天気の日は目覚めがいい！！
な〜んてことは、我が娘には無関係。毎朝自分では起きません。
起こされなきゃ起きません。
起こしても、すぐには起きません。

どういうこと⁉❄

必要ないアラームは早い時間から
ピーピーピーピー鳴らすくせに…。

起きないなら
かけるなっつぅーの❀

そんなだらしのない娘に思いを込めて…。
お友だちに笑われてしまえ❀

娘ちゃん、夜更かしするわけでもないのに
なぜに起きられないのかな…。

明日は起きてくれるのを期待しますが
起きなかった時は…
水鉄砲で起こしてやる❀

49

2013年6月6日（木）
お弁当名：飲みたい！！
ブログタイトル：モーニング…

【材料】
- ブロッコリー
- はんぺんコーン＆グリーンピース
- 蓮根サラダ
- たまご焼き
- かまぼこ
- ハム
- 鶏肉フライ
- ウインナー
- イチゴ

BOSS…それはワ・タ・シ。

やはり梅雨ですか…。
今日は梅雨を感じさせるお天気です。
そんな天気につられ気分もどんより？

てか、天気など関係なく晴れだろうが、雨だろうが
どんよりする時はしますけどね🀄

いまいちスッキリしない気分を
誰か目覚めさせておくれよ〜。

そんな時はやっぱりモーニングコーヒーよね💕
にっがいコーヒーなんか入れてくれてもいいわよ🎵
自分でコーヒー入れるのもめんどい😝
誰でもいいからコーヒー買ってきてください…。

皆さま
おはようございます。

スッキリしない頭を
スッキリさせる方法はありませんかね…。

ママがそんな状態なのを知る由もなく
ギリギリまで眠る娘って…。

ムカつくから
地震だ!!!!
とベッドの上を跳び跳ねてやりたいくらいだわ🎊

何かないかと考えた結果
飲めるものなら飲んでみろ！！
そんな気持ちを込めて…。

51

2013年6月20日（木）
お弁当名：ひと押し500円
ブログタイトル：暇すぎて…

【材料】
- ブロッコリー
- 明日葉ツナマヨサラダ
- はんぺんコーン
- 芋ゆかりかけ
- たまご焼き
- カイワレハム巻き
- 鶏肉フライ
- ウインナー

 忘れるなよ。

はい。暇すぎて仕事、早上がり🏫
仕事ないとか、私の生活はどうなるんかなぁ…。

皆さま
こんにちは。

可愛い可愛い〜我が娘の話ですが…
最近、こづかいを要求してきます。
毎月500円くれと…。
500円!?　500円…安っ💧💧

高校生にしてこづかい500円とかウケるから😏
ちょっと突っ込んだら、
週500円に値上げしてきやがった…。

それにしても安いだろ💧
ま、そんな要求も無視しますけどね♪
そんな我が娘を500円で買収✨

ドラマの録画ボタンを押すだけで500円。
これはかなりの高額🎇

どうしても見たいドラマが見られないので
500円で買収とか…。

なんて親だ🌸顔が見てみたい💢
て💧私ですけどね😏
そんなやり取りを本日はお弁当にしてみたわ。

忘れたら500円は飛んでくよ〜。
てか、この弁当の500円で手を打ってくれないかしら🎵🎶

ttkk家の日常5

「親の顔が見てみたい！」と呟く シチュエーションが多すぎる。

2013年6月30日 ブログタイトル：誕生日

日曜日。いかがお過ごしですか？

日曜日はだらだらに限る！！

なんて
言いたいけど、
やることはたくさんあるからね。

そんな中
事件的な…。

私の大切な膝に
ブスッて

ブスッてハサミの先が

1cmは刺さったよ

幅1cm
深さ1cm

痛いから痛いから

それ見た娘

ケラケラ笑う

人の不幸を見て笑うとか
どんな育ち方してんだよ

親の顔が見てみたい

ん？

親…

わたしぃ〜

育て方間違えたかな

2013年7月1日（月）
お弁当名：ハサミにご用心
ブログタイトル：膝…

【材料】
・プチトマト
・ブロッコリー
・蓮根きんぴら
・マカロニサラダ
・たまご焼き
・長芋と梅の肉巻きフライ
・ウインナー

娘への
ひと言　ニヤニヤして傷口触らんといて。

痛いです🐽

ハサミの刺さった傷口は、いまだにパックリ😫

皆さん
おはようございます。

早いもので7月になりました。

7月と言えば夏です。
あとは、梅雨明けを待つだけ。

そして子どもたちは夏休みを待つだけ…。

ハサミの刺さった膝を触ろうとする娘。
刺さった痛さ、そして怖さを教えたい😖

2013年7月23日（火）
お弁当名：にほんの夏
ブログタイトル：夏休みなんて…

【材料】
- プチトマト
- ブロッコリー
- ポテトサラダ
- たまご焼き
- 唐揚げ
- ウインナー

 なんなら燻製にしてやろうか？

夏休みに入り数日。
お弁当がないと浮かれていたが、娘は土日も学校。
そして平日も何回か登校日があるらしい…。

子どもにとっても迷惑な話だが
私にとってもいい迷惑だ

皆さん
おはようございます。

暑い夏…いかがお過ごしですか？

夏と言えば海。
いやっほぉ～い！！！！！！
と海にでも飛んで行きたいところですが、
夏は仕事場も忙しく…。

夏と言えば海と言いましたが
それだけではありませんよね。

日本の夏と言えば…
金鳥の夏！

毎晩、蚊と戦う私。
そんな蚊をムカつく娘の部屋に送り込み
扉の隙間からニヤニヤ観察。

止まった瞬間、蚊を叩くと同時に娘に一撃！！
そりゃ～気持ちよく眠れるってもんさ～。

ブログタイトル：あと70文字…

【材料】
- ししとうツナマヨ詰め
- 芋ふりかけ
- うずらのたまご
- たまご焼き（花）
- エビチリ
- ウインナー

 茶飲む前に宿題を！！

娘「ママ、読書感想文、文字が足りないって〜。
規定の文字数があるかないかで、成績が変わるんだって」

……

私「で？　足りないなら書けよ🌸」

娘「何で!?」

私「いや💧　こっちが何で💧💧」

作文が苦手な娘、手伝えと…。

たかが数十文字、自分でやれっちゅうの🌸
ま、私も子ども時代、母に手伝ってもらったけどね😅

はい
おはようございます。

本日も回らない頭をフル回転させてネタ探し。
お弁当と戦うみたいな〜。
そんな私の前に神は降りる♪

飲み残しのペットボト〜ル✨　発見！
呼んでる呼んでる〜。

お〜い、お茶！！

てなことで、お茶犬。
娘は知ってるか!?

2013年10月31日（木）
お弁当名：ラストハロウィン
ブログタイトル：HAPPY HALLOWEEN

【材料】
- プチトマト
- ブロッコリー
- ほうれん草としめじのナムル
- カボチャのサラダ
- 蓮根はさみ揚げ
- たまご焼き
- ウインナー

お菓子くれたら「嫌がらせ」やめるけど？

「Trick or Treat!!　お菓子くれなきゃ、いたずらするぞ!!」

は!?✳️　できるもんなら、してみなさいよ☺️
なんなら、あなたが持っているお菓子
置いていってもいいのよ☂️

街中はハロウィン一色。ハロウィンの飾りも今日が最後〜。
明日からはクリスマスカラーに変わるのかしら？

はい。皆さん
おはようございます。

ハロウィンだからと浮かれていませんか？
ハロウィン？
西洋のイベントでしょ!?　日本人の私には関係ないわよ✳️
そんなことを言ってますが〜
ハロウィン様には大変お世話になりまして〜。

本日、最後のハロウィン弁当。
ハロウィン月の今月は、何度ハロウィンキャラに
お世話になったことか…。

娘にも、月の後半、毎日ハロウィンキャラ弁で
嫌がらせもできたし、本当に、本当に、
ハロウィン様には感謝しております👶

明日からのお弁当に頭を悩ませる気もしますが
どうにかやっていけるかな…。
これから2カ月かけて
クリスマスキャラで嫌がらせってのはどうかしら？☂️

2013年11月1日（金）
お弁当名：食欲減退
ブログタイトル：小道具

【材料】
・プチトマト
・ブロッコリー
・蓮根サラダ
・シソ梅ちくわ巻き
・たまご（花）
・エビチリ
・魚の塩焼き
・ウインナー

姉の社交性を見習…わなくてもいいか…。

ハロウィンな昨日
皆さんはいかがお過ごしでしたか？

ハロウィン？　西洋のイベントでしょ？？
ここ日本ですから〜。

はい。こんなことを言ってしまうような
冷めた娘がいるんです。
ま、どちらかというと誘われない限り
私も冷めたタイプなんですけど
そんな我が家だけど、若干1名、楽しんじゃう人が…。

我が娘（長女）が浮かれて仕事場に登場。
カボチャバッグを持ち、黒い魔女ハット。怪しげなスティック。

「Trick or Treat!!　お菓子くれなきゃ…」

じゃなくて、
手作りカボチャクッキーを職場の皆に振る舞っていました。
おいおい、浮かれすぎだろ…。

皆さん
おはようございます。

うっかりソファーで寝てしまい、体中がガキガキ
起きてから時間は過ぎたが、いまだにガキガキ。バキバキ。
いまならロボットダンスが
めちゃくちゃ上手く踊れる気がします。

木工用ボンド。これ内職の必需品。
そろそろなくなりそうなんです。買いに行かなきゃね。

2013年11月5日（火）
お弁当名：オヤジも祝うぞバースデー
ブログタイトル：11月はね…

【材料】
- ブロッコリー
- なます
- プチトマトのツナマヨ詰め
- たまご焼き
- 魚フライ
- ハム
- ウインナー

遅くはない。素直でいい子になれや。

皆さん
おはようございます。

島中が大賑わいの小学校の運動会という
大イベントで始まった11月。

終わったかと思えば、我が家の小悪魔
可愛い…娘ちゃんの誕生日が…。

そう、本日、17歳の誕生日なんです。
素直ないい子に育って…🎓

……

ないだろ…。

生意気で悪魔のように育ちまして…。
育て方を間違った!?

いや…、あなたにそっくりですから…と周りの皆は言う。
何をおっしゃってるんですか？
こんなに素直で、優しい私を捕まえてそれはないですわ💕

誕生日だし〜、
仕方ないから控えめにキャラってやったわよ。

娘よ
17歳おめでとう✨

2013年11月11日 (月)
お弁当名：出オチのカップ麺
ブログタイトル：私はカレー派

【材料】
- 枝豆
- ししとうツナマヨ詰め
- きんぴらゴボウ
- 芋ゆかり
- たまご焼き（花）
- 唐揚げ
- ウインナー

娘への ひと言 3分で作ったわけではないんだぞ！！

頭痛。
土曜の夜中から止まりません🥵

はい
おはようございます。

土曜から引きずってる頭痛。
頭痛ほど嫌なものはありません…。
薬を飲むか飲まぬか…。

本日は仕事を休めないし、夜は夜で
お手伝い頼まれてるし…。

誰か私に身体を休める時間をください😭

今日のお弁当、カップヌードルで攻めてみた。
いまいち、形が上手くいかず…。

ま、形くらい、いいか😅
気にしない気にしない♪

そんなカップヌードル。
皆さんは何派？

ちなみに私はカレー派😸

ブログタイトル：真面目か？

【材料】
- ・プチトマト
- ・ブロッコリー
- ・ポテトサラダ
- ・たまご焼き
- ・海老のマリネ
- ・ハンバーグ
- ・ウインナー

娘への
ひと言　人生を駆け抜けろ。SAGAWAのように！

お友だちに誘われ飲みに出掛けたはいいが、
22時で帰宅とか…真面目か!?

あまりにも早すぎる帰宅に娘も焦る？

普通に帰ってもつまらんと思い
早帰り〜🎵と
スキップしながら部屋に入ったが…
娘にスルーされると言うね🎎

やっぱり出掛けた時は
早く帰っちゃいけないんだよ、うん。

はい
おはようございます。

身体、疲れてます…。

そんな疲れを取ろうと
夜のお仕事を2週にわたり休ませてもらっているのに
違うほうのお仕事が入り、
結局、身体は休めないみたいな…😫

きっと死ぬ時は過労死だな😵

今日のお弁当は、
いつの間にか変わっていた佐川急便のマーク。

いつから変わった!?
知らなくても仕方ないか〜。
だって、我が島には佐川急便ないんだもん🎵

71

2013年12月3日（火）
お弁当名：タモさんが聞く
ブログタイトル：やってる？

【材料】
- 明日葉と蓮根のサラダ
- 茄子のミートグラタン
- たまご焼き
- 唐揚げ
- ウインナー

 赤点でもいいとも！　なんてならねーぞ！

ここ数日、うっかり
コタツで寝てしまっていますが何か？

娘には
コタツで寝たら風邪引くから❀
ちゃんとベッドで寝なさい❀❀

な〜んて言いながら、自分が寝るというね。
何ともだらしのない奴でして😅💦

そのお陰で、身体はガキガキ。
肩が…腰が…。

はい
皆さん
おはようございます。

天気がよく、洗濯物日和でございます♪

天気がいいと気分もいい？
あまり関係ないです。天気がよかろうが悪かろうが
そんなの関係ないんだよ🎏

2学期も終わりに近づきつつあるなか、期末テスト2日前。
…？　娘は勉強してるのだろうか？？

勉強してる様子はありません🐝
大丈夫なのでしょうか…。

どうしても気になるので、タモさん風に聞いてみる。

2013年12月11日（水）
お弁当名：年の瀬までガンガン行くで
ブログタイトル：サボってないよ

【材料】
・プチトマト
・枝豆
・芋ゆかり
・たまご焼き
・海老のマリネ
・チキンフライ
・ウインナー

 お前には、感謝の気持ちはあるのかい？

ノリノリで玄関から入ってきた上の娘。
ウキウキ加減が半端ない。うざいんだけど…。

長女「これこれ〜、届いちゃったのよ〜、
ひと足早いクリスマスプレゼント💕」

🎁💥

それは…もしかしてもしかしての…
頂いちゃいました🎶プレゼント🎶🎶

ブランド物に興味はないけれど
ひと目惚れして、欲しかったお財布。
欲しいけど高価すぎるし…買えないし…。
そんな話をし続けてたら
上の娘がコツコツ貯めて買ってくれたんだよ😊

なんていい奴だ👑　嬉しくて嬉しくて、私のほうがウキウキ😊
まじ、ありがと〜！　可愛くないけど可愛い〜娘よ。

はい
おはようございます。

そして、おひさしぶりでございます。
サボってたんじゃないよ〜。
娘がテスト期間中で、お弁当がお休みだったんだよ〜。

弁当なしの幸せな期間💕
そんな幸せ期間も終わり、お弁当再開🎏
またお弁当の毎日かよ…。
そのまま冬休みに入ってくれてよかったのに…。

75

2013年12月16日 (月)
お弁当名：サンタもおねだり
ブログタイトル：はぁ…

【材料】
・ブロッコリー
・蓮根きんぴら
・オクラハム
・マカロニサラダ
・たまご焼き
・唐揚げ
・ウインナー

先に言う！　お前にサンタは来ない！

月曜日…。

1週間の始まりは、日曜から？　月曜から？？
私は日曜から始まると思ってるんだけど…。
カレンダー的には日曜から始まりじゃん？

いやいや💧
月曜からっしょ〜。

そう言う人もいる。
さて、どちらなんでしょうか…。

はい
おはようございます。

寒いです…。
とにかく寒いです…。
コタツから抜けられません。

そう。抜けられない＝コタツで寝る。

よくやります😅
身体、バキバキです🙅

そんなんで、朝が辛いんです。でも気合いです😤

今日からお弁当お休みの日まで
クリスマスキャラで攻める〜。

何回あるのかなぁ〜。

column お弁当テクニック

ブログ読者から多かった質問No.2

Q ウインナーの顔はどうやって作るの？

にお答えします！

細かい作業もありますが、顔型ウインナーがあればお弁当箱の中がにぎやかになること間違いなし。このウインナーのおかげで嫌がらせもはかどりました（笑）。

用意するもの

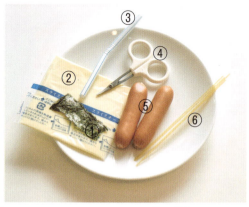

①海苔
②スライスチーズ
③ストロー
④ハサミ
⑤ウインナー
⑥パスタ（細めのもの）

作業工程

1. 顔の大きさにカットする

火の通ったウインナーをカットする。顔全体の大きさになるので、バランスを考えて切る。

2. 鼻のパーツを切り出す

先にカットしたのとは別のウインナーから、鼻になるパーツをハサミで丁寧に切り取る。

3. 丸い白目の部分を作る

ストローをスライスチーズに押し当てて、白目の部分になるパーツをいくつかくり抜く。

4. パーツをウインナーに取り付ける

切り出したパーツに短く切ったパスタを刺して接続部とし、顔本体のウインナーに取り付ける。

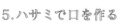

5. ハサミで口を作る

顔になるウインナーに直接ハサミで切り込みを入れ、口を作る。深く切りすぎないように注意。

6. ピンセットで黒目を貼り付ける

チーズの白目に、海苔を細かく千切った黒目を貼り付ける。ピンセットを使うとうまくいく。

表情を微調整して完成！

目と鼻の位置や口の形を微調整して完成。昆布などで髪やシワを加えても面白い表情になる。

完成！

column お弁当テクニック

ブログ読者から多かった質問No.3

Q モアイの顔はどうやって作るの？

にお答えします！

このモアイ像は、出来合いの型を使って作っています。氷を作るためのシリコン製の型です。他にもいろいろな種類の型があるので、そちらも試してみてください。

用意するもの

① マッシュポテト
② シリコン製の型

作業工程

1. 隙間なく型に押し込むのがコツ

マッシュポテトを型に押し込める。隙間なく詰めたら、しっかりとならして形をととのえる。

2. お皿の上に抜き出す

柔らかなマッシュポテトが崩れないように注意して、静かに型からモアイを押し出す。

形を調整して完成！ 完成！

余分な部分を処理し、でこぼこを指でならして完成。海苔などで表情を作ってもいいかも。

column お弁当テクニック

ブログ読者から多かった質問No.4

Q キャラの色はどんな食材で再現しているの? にお答えします!

キャラ弁を作るうえで不可欠な色づけ。いろんな方法がありますが、私は野菜を使うことが多いです。野菜を並べるだけなので作業はとても簡単ですよ。

用意するもの

① 赤パプリカ
② 黄パプリカ
③ ほうれん草

作業工程

1. 千切って広げて並べるだけ

湯通ししたほうれん草を1枚、必要な長さに千切って使う。

2. 厚手のものはできるだけ薄く削ぐ

パプリカは細長く切ってから、皮をむくように薄く削ぐ。平らな板状にするのがポイント。

丁寧に並べて完成!

完成!

完成形をイメージしつつ、素材を組み合わせて並べる。必要ならさらにカットしてもよい。

2014年「嫌がらせ弁当 3年目」～高校生活、残り1年～

2014年。娘はいよいよ最上級生になりました。
高校生活最後の1年。
反抗期は沈静化に向かうのか？
それともさらに激化するのか？
あらゆる可能性が渦巻く中、お弁当作りは続きます。

結論から言えば、娘の反抗期自体は大きな変化もなく、
毎日いつも通りの振る舞い。
私がカチンと来たり、呆れたり、時には笑っちゃったりと、
ドタバタ劇のような日々が続いていました。

ただ、この頃から少しずつ、娘の行動に
変化が出てきたようにも見えました。

親に甘えていられる高校生活が
あと1年ちょっとで終わろうとしている。
それを意識したのかどうかは正直言ってわかりません。
でも、ほんの少しずつ
「成長しているな」
と感じさせてくれるようになったんです。

友だちとの関係にしても、学校の行事への取り組みにしても
責任感のようなものが感じられるようになりました。

将来のビジョンを思い描き始めたのか
自分で考えて行動しているのがわかるようになりました。

もちろん、まだ迷っているところもあるのでしょうけど、
少しずつ変わってきているのかな、と。
なかなかじっくりと話をする機会もないし、
反抗期が終わったわけでもなさそうなので、
私の想像の範疇での話なのですが。

そんな娘の変化を感じつつも、
"嫌がらせ"は続行です（笑）。

この頃のお弁当作りは、ネタ切れの恐怖と戦いつつも、
楽しみながら続けていました。
反抗的な態度に対するカウンター攻撃という
当初からのコンセプトは変わらずでしたが、
私自身の気持ちにも何か変化があったかもしれません。

お弁当に込める思いが、より強くなってきた、という感じ。
「早く起きろ」「勉強しろ」といった
目に見えるメッセージも増えてきましたが、
それ以上に、形には表れない、内側に込めた思いというか。
それが具体的にどんなものだったかは、
自分でもよくわかりません。

応援かもしれないし、成長への期待かもしれない。
もしかしたら、あと1年で娘が卒業を迎え、大人になってしまう
寂しさのようなものだったのかもしれません。

いずれにしても
嫌がらせのお弁当にもかかわらず、残さず食べてくれたり、
私が仕事で忙しい時や病気で動けない時に
家事をやってくれるようになった娘に対して
何かしらの形で応えてあげたい…という気持ちが
私を突き動かす要因のひとつになっていたと思います。

相変わらず憎まれ口を叩くし
つれない態度をとる娘ですが、
彼女なりに頑張っている。
それを嬉しく思いながら、
「嫌がらせ」のネタを考え続ける母なのでした。

2014年1月14日（火）
お弁当名：カワイイけど実は猛獣
ブログタイトル：食べさせろ

【材料】
- プチトマト
- 明日葉ツナマヨ和え
- きんぴらゴボウ
- ブロッコリーベーコン巻き
- たまご焼き
- 魚フライ
- ウインナー

娘への ひと言　誰がトドじゃ！！

はっ

いまは話しかけないほうがいいぜ。怪我すんぞ

本日、採血のために朝ごはんがお預け状態です…。
お腹が空きすぎて力が出ない
早く食べさせろ〜。

はい
皆さん
おはようございます。

寒いです。とにかく寒いです。
そして眠いです。とにかく眠いです…。
昨夜、一昨日と、なぜか眠れません。
眠いのに眠れません…。

身体がおかしくなってますかね？

異常をきたしてる身体を無理矢理動かし、
眠い頭は無理矢理覚まし、娘のお弁当作り…。

はぁ…サボりたい　　でも、サボれない…。
こんな調子なので頭は回りません。イメージ浮かびません。
悩み悩んだ末、数日前からグルグル頭の中で流れてる
「のど黒〜飴〜♪」のフレーズ。

トドクロちゃん!!

お弁当名：5000円札の人

ブログタイトル：似てるよね…

【材料】
- ブロッコリー
- 蓮根揚げ
- マッシュポテト
- シソチーズ肉巻きフライ
- たまご焼き
- ウインナー

娘へのひと言：似てることは認めるが、嬉しくはない。

お〜ひさしぶりでございます。
サボってたわけではないですよ。

娘が修学旅行だったもので、お弁当が休みというね。
なんて幸せな1週間だったことか🐰

4泊5日の贅沢な北海道への修学旅行。娘は楽しんだのか!?
多くを語らない娘だが
まぁ、なんとなく楽しんできたようでございます。
なんとなくでも青春時代の
楽しい思い出ができてなによりだ。

はい
おはようございます。

お弁当のお休みも終わり、本日から再開…。
ひさびさに作るお弁当、ネタが浮かばない🌿
何かないかないかと悩みながら…。

え？　誰ですか？　なんて聞くことは許さない。
あの5000円札で有名な樋口一葉さんです。

なぜに樋口一葉かって？　娘に言われたんです。

ママって…樋口一葉に似てるよね…。

📛💫ママも自分で思ってた!!

てなわけで、ひぐっさんで攻めてみた。

87

2014年2月3日（月）
お弁当名：厄落とし
ブログタイトル：節分

【材料】
・ほうれん草ナムル　　・しょうが焼き
・マッシュポテト　　　・ウインナー
・たまご焼き

鬼？　それはお前だ！！

私「あのさ〜節分だし、豆まきしなきゃじゃね!?　お前が鬼役ね」
娘「…」
私「がち豆まきね〜マジ投げ豆まき♪」
娘「…�」
私「投げてぇ〜」
娘「…」

はい
こんにちは。

節分です。皆様のお家でも豆まきをすることでしょう。

朝から呑気に節分弁当とか作っちゃったけど
我が家の娘ちゃん、厄年でした�💨

厄年…。皆さんはお祓い、厄落とししたりしますか?
特に気にはしない私ですが、
厄落とし的なことをしたほうがいいのではと娘に聞いてみた。

神社までは行かなくてもだけど…
櫛とか鏡とか落としてくれば?　と…。
娘ちゃんひと言。

何も起きないだろ🛩

あ…。

さすが、我が娘。思ってた通りの答えでした�
娘ちゃんの厄年、
何事もなく過ごせますように。

89

ttkk家の日常 6

イベントはママが周到に準備し そして……空回りする。

2014年2月4日　ブログタイトル：ま～め！！

鬼は外！！　福は内！！！

ほらほら。聞こえてくるよ豆まきの声
…いやいや静かです。

そんな声など聞こえることもなく、
ひっそりとした節分の夜。

我が家でも、ひっそりと豆まきを

一人寂しくやりました。

予定では、娘を鬼にして
がち豆まきをやるはずだったのに…。

娘は、節分には興味もなく

豆まき？　だからなに？　的な…。

恵方巻だって
張り切って作ったのに普通に食べるというね…。

普通に食べたら
ただの海苔巻きだろが

そんな言葉も無視ですよ。
昔はさ、私が「やらなくていいよ〜」と
言っても大喜びでやってた豆まき。

成長とともに面倒くさがるようになり
イベントごとなど無視ですよ。

無視。

はぁ…
娘さん、イベントごとは
ちょっとだけでも楽しもうぜ…。

2014年2月28日 (金)
お弁当名：ビタミン補給はコレ
ブログタイトル：元気はつらつぅ〜

【材料】
- プチトマト
- ブロッコリー
- ほうれん草ナムル
- かぼちゃ煮
- 蓮根サラダ
- たまご焼き
- 唐揚げ
- ウインナー

娘への
ひと言

おっさん声のママも最高だろ？

いまだに、おかま声ですが何か？
謎の声変わりに悩まされております。

この声がこのまま治らなかったら…。
考えただけでゾッとするわ…🎐

はい
こんにちは。

どんよりの朝とは違い、
春を感じさせるお天気になりました。

春🎵
春🎵🎵
春ぅ〜🐌

もう冬に戻らないでください…。

元気はつらつぅ〜

オロナミンC〜🐌

無性に飲みたくなる時がある。

本日、そんな気分。

2014年3月7日（金）
お弁当名：ピザ攻め
ブログタイトル：ピ〜ザ！！

【材料】
- プチトマト
- ほうれん草おひたし
- オクラハム
- サラダスパゲティ
- たまご焼き
- 唐揚げ

 ひとつ言っておく。夕飯もピザ。

気づけば、あっ🇩🇪という間に金曜日。早い早いよ1週間💨

そんな今週は家政科の3年生送別会。そして、全校3送会。
なんだかんだとあり、お弁当がいらないというね。

はい
おはようございます。

とてもいいお天気です。
空も気持ちよく卒業生を送り出す的な？
本日は卒業式。

あ、我が娘はまだですよ。あと1年ありますから😁

ってことで、本日もお弁当はお休み。だ〜け〜ど〜
お昼はお弁当にしました🎶

休みなのになんで〜？　って、思うでしょ？
いや〜、嫌がらせのためですよ〜！

昨日娘は、お友だちとランチに行きました。
ピザを注文して、娘のランチはピザだったらしいんです。
夜は…バイト先でお客さんにピザとコーラを
ごちそうになったとか。
おそらくお腹はすいてないはず。しかも、昼ピザ…。

うけるぅ〜まじ笑えるぅ〜。
このままピザ攻めで行きたい…。

てなわけで、やりたくなっちゃったんです。
嫌がらせ😈

2014年3月14日（金）
お弁当名：叫びを聞け！
ブログタイトル：次から次へと…

【材料】
・ほうれん草とえのきのナムル
・ポテトサラダ
・たまご焼き
・海老チリ
・ウインナー

いつかわかるさ、この痛み。

静かになった。
昨日は台風並の天気。雨が降り、風が吹き荒れ…。
荒れ？　荒れてる!?　私の顔も荒れ放題💦
夏すぎから続いてる荒れ範囲は広がり…。

美しい顔が👑　いや、美しくはない😭
なんでしょうか…体調不良から来る荒れなのか。
それともアレルギーなのか…。

顔でダメージ受けてる私に追い討ちをかけるかのように
身体のあちらこちらで異変が💫

腰が…腰が…腰が痛い…🏃

私の身体には何が起きている!?
次から次へと…。

はい
おはようございます。

うっかり寝坊をしてしまい、
朝からバタバタの始まりです。

テスト期間も終わり、本日はお弁当がある。
ひさしぶりのお弁当。寝坊はするし、やる気はないし…。
手抜きにもなりますわ😭

ヤバイよ…ママ、腰が…。

ニヤニヤしながら腰をつつく娘。
マジで腰が痛いんだよーーー。

2014年4月10日（木）
お弁当名：マツコからの祝辞
ブログタイトル：再び…

【材料】
・枝豆　　　　・唐揚げ
・ポテトサラダ　・ウインナー
・たまご焼き

 進級するのは当たり前。

桜満開も終わりに近づきつつ…。
皆さん、お花見とかしたんでしょうか…。

我が島ではお花見の風習はありません。
てか、山桜が多く、花見とかそんなんじゃないのか？

いやいや。
私が興味ないだけで、お花見できる桜があるのか!?

ま、どちらにしても、花より団子。団子より酒？
酒。好きなわけではないけどね

はい
おはようございます。

そして、おひさしぶりでございます。
娘も無事に進級でき、新学期が始まりました。
新学期が始まったということはお弁当が再開ということで…

お弁当のない幸せな日々も終わりなのね…。
逃げたくても逃げられない、
そんなお弁当作りも残り1年。
楽しんでいくぞー!!

なぜにマツコ!?
ま、気にしな〜い気にしな〜い

2014年4月16日 (水)
お弁当名：昨晩のオヤジ
ブログタイトル：ルー大柴!?

【材料】
・昆布
・鮭フレーク

オヤジにモテてもね〜。

娘「外人さんが歌っておる」
と、バイトに行ってる娘からLINEがきた。

私「歌っておるなら、合わせてダンスでも踊ったれ」
娘「いや、ギター弾いてんの」
私「合わせてピアノを弾くふりをしてセッション」
娘「いや、ベシベシギター叩いてるんだよ」

謎の外人さん…流しか!?

はい
おはようございます。

昨晩バイト先で謎のお客様に出会った我が娘。
聞けばどこかでライブをやるとかで宣伝しに来たらしい。
面白いお客様がたくさんいるんだとか。

今日は「ん〜ロールケーキ食べられて幸せ💕」と言うおっさんが。
会話に英語をチョイチョイ挟むおっさんもいたらしい。

私「!?　ルー大柴!?」

娘「違う💦　セニョリータ言われた😵💦」

セニョリ〜タ〜👻　受け〜るぅ〜。
ニヤニヤしながら返事する娘の姿が目に浮かぶ。

昨日、今日とお弁当はお休み。
本日はおにぎり希望だったので、
昨晩のおっさんをイメージしておぬぐってみた。

2014年4月17日（木）
お弁当名：蠍座の女（17歳）
ブログタイトル：あいさつ

【材料】
- ほうれん草おひたし
- 蓮根揚げ
- たまご焼き
- 海老チリ
- ウインナー
- ポテトサラダ

きっと、今日は1日微妙です（笑）

はい
おはようございます。

お天気もよく、気持ちのいい1日になりそうよ。
気分は最悪ですけどね…。

何でしょうか。ネタが切れると
星座占いの力を借りたくなる。
てなことで〜蠍座の女の我が娘、本日の順位は6位。

ん〜微妙〜。

そんな微妙な順位でネタにするのもどうかと思うが
そんなの気にしない🐛

2014年4月18日（金）
お弁当名：八つ当たり弁
ブログタイトル：やる気スイッチ…

【材料】
- プチトマト
- ほうれん草ナムル
- 蓮根サラダ
- シソ梅ちくわ巻き
- たまご焼き
- ハンバーグ
- ウインナー

 イライラの半分をくれてやる。

本日、まったくやる気はなく…。

理由？　理由と聞かれると、特にないけれど…。
寝た感ないし、変な夢見るし、テンションは底辺よ😥

はい
おはようございます。

雨です雨。
ただでさえ気分が落ちているというのに
雨とか最悪じゃん…。

気分がのらない。ってことは、お弁当やる気ない。

すこ〜し開いてる娘の部屋の扉。
覗いてみれば気持ちよさそうに寝てるじゃないか…。

なんかムカつく…すごくムカつく✿
起きろ✿と叩き起こしたい…。
でもそんな元気がない…。

なら、お弁当で伝えよう！！
お友だちに笑われてしまえ…。

誰か〜
やる気スイッチ押してくださ〜い🌿

2014年4月23日（水）
お弁当名：視力検査
ブログタイトル：健康診断

【材料】
・チキンフライ
・たまご焼き
・マカロニケチャップ
・蓮根サラダ
・ウインナー
・枝豆

娘への ひと言　せめて視力だけでも優良で。

はい
おはようございます。

雨です。
雨の日は髪の毛、反抗期…。

いいねぇ～、パーマかけた？

パーマかけてませんけど…。

伸ばしてセットしても
クルッて髪の毛がとっ散らかります。

どうにかならぬかのぉ～。

新学期は、学生も忙しい。
心臓検診やら健康診断、体力測定…。

今日なんか、1日使って
健康診断＆体力テストがあるらしいですよ。

てなわけで～
健康診断で攻めてみた！！

右、左、右上、左下…。

右斜め45度とか言ってほしい…。

2014年4月25日（金）
お弁当名：てつこの部屋
ブログタイトル：怖い……

【材料】
- ほうれん草とえのきのナムル
- 蓮根きんぴら
- サラダスパゲッティ
- かまぼこ
- たまご焼き
- 唐揚げ
- ウインナー

ゲストに呼ばれるくらいの大物になれ！

ル〜ルル♪　ルルル
はい
おはようございます。

え、本日はですね、お天気もよく
遠足日和でございますっ。
↑
黒柳徹子風に言ってる🎤
朝からすみません🙅
本日は娘のお弁当だけでなく
小学生の甥と姪のお弁当もありました。

遠足で砂浜アートをやりに行くらしいですよ。
なんだか楽しそう😸

そんなもんで絶対に間に合わせねば✨と焦りまくり
テンションがおかしくなっております。

１つも２つも同じだから〜と、受けたはいいが
みっつバラバラのキャラ弁は大変💦

ま、どうにか間に合い、手渡すことが出来ました。
楽しんで帰ってきたら嬉しいですね♪
我が娘のお弁当は…
間に合わず、いまからお届けダッシュ。
ピザ〜ラお届けばりに「弁当お届け！」と行ってまいります🖐

我が娘ちゃん弁当
怖くて食えんぞ(。-∀-)

2014年4月28日（月）
お弁当名：毎日弁当なわけで…
ブログタイトル：ル〜ルルルルルル

【材料】
- ブロッコリー
- プチトマトツナマヨ詰め
- 芋ゆかりかけ
- マカロニケチャップ
- 茄子とピーマンの味噌炒め
- うずらのたまご
- たまご焼き
- 唐揚げ
- ウインナー
- 枝豆

忘れるな！　もうじきママの誕生日。

あ〜あ〜あああ〜あああ〜♪
父さん…顔の荒れが治らないわけで…。

いつまでも治らない顔の荒れ。
私の顔には何が起きているのでしょうか…。
このまま治らなかったら…。
私の美しい顔を返してください😭

あ、嘘つきました。
美しいとか、ちょっと言ってみたかっただけで😊

はい
おはようございます。

4月も終わりに近づいております。ＧＷも待ってますよ〜。
ＧＷ…すでに入ってたり!?
長いＧＷの方も、は？　まだですけど？？　的な方も
充実したＧＷを過ごせるとよいですね🎵

そんなお前はどうなの？
って、聞いちゃいます？　ＧＷとか、意味がわかりません。
至って普通と変わらない日々を過ごすだけでございます。
旅行に行くわけでもなく、仕事が休みなわけでもなく…。
普通に変わらずです。

ま、ひとつ言えるのは…ＧＷ中に誕生日が来るみたいな。
歳がひとつ増えるくらいですかね〜。

2014年5月2日（金）
お弁当名：似てるだろ
ブログタイトル：鬼…

【材料】
- プチトマト
- シソ梅ちくわ巻き
- たまご焼き
- 魚フライ
- ウインナー
- マッシュポテト

 こんなに優しい鬼がどこにいる？

お前は眠り姫か!?　ばりに静かに眠る娘。
私もそこまで眠りたい…。
眠り姫ばりな娘を横目に洗濯に掃除に…。そして出勤。

我が娘は
こんなに忙しく働く私をいたわる気持ちはあるだろっか…。

本日もお弁当はありません。が、お弁当にしてやった。

優しい方なんですねと、言われることがありましたので
優しいママぶって優しく「おはよう」と挨拶をしてみた。

が…仕事から帰って娘に聞いてみたら
どうやら伝わらなかったようで

娘「誰(-_-)」
私「ママのつもりだけど」
娘「おはようじゃないし。こんにちはだし(-_-)」

そりゃ〜そうさ。お前の起きる時間は、絶対に
「こんにちは」の時間帯だろうよ
てか、優しくおはようと言ったのは間違いだった。
なぜなら…娘にとったら、優しいママではないようだし。
ラインの私の登録名は、名前でもなく、ママでもない

「鬼」

…鬼はないだろ鬼は…

113

ttkk家の日常 7

誕生日を祝ってくれるどころか「ごみの日」として処理される。

2014年5月4日　ブログタイトル：ごみ…

「ご〜みっご〜みっごみごみご〜みっ♪」

5月3日に日付が変わり、娘からメッセージが来た。
5月3日だから…ごみ…。

そう、5月3日は私のバースデー。
バースデーメッセージのつもりなんだろうけど

「ご〜みっ♪」って…

これは下の娘からのメッセージ。マジないわ…。
そして上の娘からもメッセージ来ました。
「happybirthday✨いつまでも素敵に♪」
そんなメッセージを期待して開いてみると…

怪しい加工が施された

私の顔写真が添付されている。

ない…ないわ…。

過去を思い返せば、小さい頃は
子どもなりに可愛らしいプレゼントや手紙をくれたのに

大きくなるとともにやることが可愛くなくなり…

ごみの日だからと…ごみ袋とか…。

確かにごみ袋助かりますよ。
でも、プレゼントがごみ袋って…。

しかも今日は家族みんなで…と思っていたのに

次女「は？　誕生日とか意味わかんないし。

プレゼントないし」

終わった…。

娘から、笑顔で「おめでとう！！」
の言葉を期待してますが、いまだにありません…。
いや期待したところで言うわけがないな
お前さんの誕生日…覚えておけよ…。

2014年5月12日（月）
お弁当名：Mother's Day
ブログタイトル：母じゃない!?

【材料】
- プチトマト
- ほうれん草とえのきのナムル
- はんぺん枝豆
- ポテトサラダ
- たまご焼き
- 牛すき煮
- ウインナー

 期待してます。

娘から
「ハンバーグにラップ入ってたけど嫌がらせ？」と
ラインがきた。

はっ!?　そんなの入れねぇーし…。

どうやらお弁当に入れたハンバーグの中に
ラップの欠片が入っていたようだ。
嫌がらせと言うなら、嫌がらせということに
しようじゃないか(。-∀-)

ということで嫌がらせで片付ける😈

はい
おはようございます。

昨日の日曜日は、母の日でした✨
皆さん、どんな母の日を過ごされましたか？

可愛い我が子からの「ありがとう😈」の言葉と一緒に
真っ赤なカーネーションをもらったりとか
夕飯を作ってもらったりとか🎵

そんなのあるかー💢

母の日の存在すらも知らないのか
「は」の字が出てくる気配すらなかった。
期待したのがバカだった🏯

期待なんかしても無駄だということがわかりましたので
お弁当で、母の日だったことに気づいてもらおう！！

2014年5月13日（火）
お弁当名：どの部位が好き？
ブログタイトル：に～くぅ！！

【材料】
- プチトマト
- 明日葉と蓮根のサラダ
- 芋ゆかり
- シソ梅ちくわ巻き
- たまご焼き
- チキンフライ
- ウインナー

 魚食べなきゃ肉団子にするぞ！！

よく知り合いにお魚さんを頂きます。
魚祭り的な半端ない量で貰う時もある。
新鮮な魚を新鮮なうちに食べられるという贅沢さ✨

お刺身、ユッケ風、塩焼き、煮付けにフライ
唐揚げにソテー、お寿司…。食べ方はいろいろ🎶

私「今日は魚ね！！」
娘「むぅ〜りぃ〜」
私「は!?　魚だから！！」
娘「むぅ〜りぃ〜」

…歌でもあんだろが✳魚食べると頭よくなるって✳✳

娘「魚、食べたからって頭よくなんねぇーし😆」

…頭がよくぅ〜なるぅ〜って歌が…。
子どもは信じて食べてるよ…夢を壊すな😤

はい
おはようございます。

下の娘は魚より肉派。

鶏、牛、豚。何肉が好き？と聞けば

「歯に挟まる肉は嫌い」と返ってくる。

歯に挟まる肉って…
聞いてることが違いますから…😅

2014年5月15日（木）
お弁当名：本音吐露
ブログタイトル：ママだってね

【材料】
・枝豆
・ポテトサラダ
・きんぴらゴボウ
・カイワレハム巻き
・たまご焼き
・チキン焼き
・ウインナー

 娘への ひと言　寝かせてくれよ、人間だもの。

ランララ〜ララ〜ン♪　ママ〜見てぇ〜🎵

長女
9

おばあちゃんにお手伝いを頼まれて掃除機をかける上の娘。
おかしい…掃除機のかけ方がおかしい…。

22歳…。下の娘とは違って、とにかくウザい😅
私の中でウザさランキングを付けるとしたら
1位、2位を争うウザさだ…。

争ってる相手は誰かって!?
言わなくてもわかるじゃないですか〜

わ・た・し😈

結果、我が家で一番まともなのは…下の娘🎀

はい
おはようございます。

梅雨を思わせるような天気です🌂
梅雨…まさか梅雨入りじゃないでしょうね!?
ジメジメ、ジトジト…。
ただでさえ雨が多く、湿度の高い島。そりゃ〜大変さ。

髪ははね散らかり、ベタベタするし…。
除湿器フル運転で電気代はかさむ…。
はぁ…考えただけで恐ろしい…。

みつを!?　いやいや違います。
みつを風。人間だもの…ねむいんだもの…。
ママだって眠いんだよーーーーー🎉

121

2014年5月22日（木）
お弁当名：縁遠い四文字熟語
ブログタイトル：集中しろや

【材料】
・プチトマト
・ほうれん草としめじのナムル
・蓮根サラダ
・アスパラハム巻き
・たまご焼き
・しょうが焼き
・ウインナー

ちゃんと読めてるか？

キモい…。ニヤニヤして立つ娘。

📽💦

私「おいぃぃぃぃー！！　それママのじゃ～ん💦」
娘「はっ？　2つあったじゃん😁」
私「いやいや💦💦2つあったって、ママのだしね。
しかも1つはもう食べたし…。それ…ママのおやつ…」

大好きなコアラのマーチなのに…。返せぇー🔲

はい
おはようございます。

朝から大好きなコアラのマーチを盗られ
テンション下がり気味です…。

はぁ…やる気でねぇ～。やる気ないからこのまま寝てやる🎇
な～んて言って、そうできるわけでもなく…。
普通に仕事行きますけどね✋

娘に代わり、書いてみる。
「一心不乱」

ひとつのことに心を集中し、他のことに心を奪われない。
そう！！　明日からテスト期間。
テストに向けて勉強に集中するんだーーーー！！！🎇
ないな…😁そんな姿、見たことないですから。

てか、知っているだろうか…。
一心不乱という四字熟語…。

123

2014年5月30日（金）
お弁当名：割れた液晶画面
ブログタイトル：拒否…

【材料】
- プチトマト
- 明日葉サラダ
- たまご焼き
- 海老マリネ
- 鯖塩焼き
- ウインナー

 二度あることは三度ある。気をつけろ！！

献血🎵献血🎵
「血ぃ取られて新しい血を造ろぉ〜！！」と、友人と献血に。

看護師さん「血、貰えません…」

はっ!?　それどーいうことですか!?👑✦
見た目が問題かっ!?　いや〜そんなわけないっしょ〜。
見た目で決められたら迷惑ですよ🌀

友人「いやいや💦誰もそんなこと、言ってないから💦💦」

ですよね〜😤
いや、そう思ってる奴がいる…。
拒否された理由は見た目だと確実に娘は思っているだろう。
こんなに優しそうなママなのにぃーーー🎗
娘はそうは思わんか😤

結局、献血NGの理由は、顔に塗っている薬でした…。
せっかく行ったのに何もせずに帰されるというね。
何やら貰って帰ってきたけど、記念品泥棒じゃね!?

はい
おはようございます。

朝から頭痛に襲われています…。
片頭痛なのか緊張からなのか…。薬の飲み分けに悩み中〜。

バリッバリの携帯画面、修理交換ということで
交換の携帯電話待ち〜。
画面を割るのは2度目。次はないことを祈ります。

2014年6月8日（日）
お弁当名：エガちゃんも応援
ブログタイトル：赤鼻

【材料】
- ブロッコリー
- 枝豆
- 蓮根サラダ
- 芋ゆかり
- うずらのたまご
- ハム
- 海老マリネ

ダンスはキレが重要や！

運動会言うたら天国と地獄だろがっ✤

本日は娘の体育祭。

定番の曲が流れず納得がいかないまま
体育祭が終わるというね…。

しかも日焼けまでする最悪な事態
私は赤鼻のトナカイか!?
季節外れの赤鼻のトナカイよ✻
こんなんじゃ恥ずかしくて道も歩けない…。

私の美白を返してぇーーーーー

はい
こんばんは。

お天気にも恵まれ、無事に体育祭終わりました。
高校生活最後の体育祭。娘は楽しんだのだろうか…。

ま、見る限りでは楽しんでいたようですし
ひさしぶりに娘のダンスも見られたので、
そこら辺は最高の体育祭だったわ

どーーーーーん！！

応援、
ちゃんと届いたのかなぁ～

2014年6月16日(月)
# お弁当名：睡眠ぶそ句
ブログタイトル：鳴かんといて…

【材料】
・ブロッコリー
・茄子の柚ポン酢かけ
・ポテトサラダ
・たまご焼き
・豚肉のケチャップ炒め
・ウインナー

関係なく眠れるお前になりたい…。

トゥットゥン、トゥトゥトゥトゥ〜

あかん…聞いたらあかん…。

トゥットゥン、トゥトゥトゥトゥ〜…

眠れぬ夜。聞いたらあかんよ、この鳴き声。
なぜか夜中に聞くと引き込まれてしまう
ホトトギスの鳴き声。

この鳴き声を聞いてしまうと眠ることはできません。
終わりよ。この声聞いたら終わり。
朝まで確実に眠れませんから…😭

はい
おはようございます。

ホトトギスの鳴き声に引き込まれて
眠ることが出来なかった私。睡眠不足です…。
知ってます!?　ホトトギス。有名よね。

鳴かぬなら　鳴かせてみせよう　ホトトギス

秀っさん…鳴かしたらあかんよ〜。
あんた、大変な目にあいまっせ💧

ホトトギスで一句読んでみる。

鳴きつづけ　眠りジャマする　ホトトギス

私の睡眠時間を返せぇーーーーーー😡

129

2014年6月17日（火）
お弁当名：仏様のお告げ
ブログタイトル：ゆ～らゆら

【材料】
- もやしとしめじのナムル
- いんげんとツナのサラダ
- たまご焼き
- チキンフライ
- ウインナー

さもなくば大仏ヘアーにしてやるぞ。

😁🎵

突然、目覚めた2時過ぎ。揺れる…揺れる…。
ゆ〜らゆらゆら。

別になんの力もないけれど
なぜか地震が起きる前に揺れを感じる私。

毎回ではないけれど
こんなことはちょいちょいある出来事。
揺れるよ、ほら揺れた、的な？
もしかして私の身体に地震探知機でも埋め込まれてる!?

はい
こんにちは。

一昨日同様、寝不足でございます…。

地震のあとに遠〜くから聞こえてくる
ホトトギスの鳴き声に引き込まれ…
逃げ切ることすらできず、
ホトトギスワールドへ行ってまいりました😇

負けるもんかとホトトギスに戦いを挑みましたが
あっさり負けるというね😅
今日は、寝られるかなぁ〜。

睡眠不足の私とは違い、たっぷり睡眠をとっている娘。
寝過ぎでないかい？

たまには早起きもいいものよ。

131

ttkk家の日常 8

ママの華麗なステップに勝る嫌がらせは存在しない。

2014年6月19日　ブログタイトル：勝利

買い物行かない？

娘「行かな〜い」

なんで〜。行こうよ〜。

娘「行かな〜〜い」

い〜じゃ〜ん。行こ〜よ〜。

娘「なんで一緒に行かなきゃいけないの」

…。

そこでステップ🎶踏むう〜

娘「うっざっ」

ねぇねぇ
見て見て♪♪

娘「…」

見てよ〜♪

娘「…」

じゃあさ
ママのステップ見続けるのと
買い物行くのどっちがいい!?

娘「買い物…」

勝ったな…
てか…
私の華麗なステップを見ないなんて
もったいないぞ、娘さん。

2014年6月24日(火)
# お弁当名：徒歩通学、推奨
ブログタイトル：で、誰が払うの？

【材料】
・キャベツのナムル
・蓮根サラダ
・ネギハム巻き
・たまご焼き
・海老チリ
・ウインナー

お菓子代、高校卒業時に一括徴収ね。

スゥ…パサッ

スゥ…パサパサッ

スゥ…と音も立てずに現れ
パサッとお菓子をかごの中に入れる。
気づけばかごの中は、娘のお菓子が何個も入っとる💧

私「で、誰が払うの？」
娘「あとで払うよ」

絶対払う気ないし😤

バイト代、あるだろがぁーーーー💢
いつもこれに騙され、軽くなっていく私の財布。

😇

はい
こんにちは。

晴れてもないのに外が眩しい✨
目、潰されるで…。

雨ニモマケズ、風ニモマケズ…
宮沢賢治的な？

今日も学校に歩いて行ってくれたらなぁ…。

お弁当名：エガちゃん再び
ブログタイトル：ヴァッサァって…

【材料】
・ブロッコリー
・蓮根梅和え
・ほうれん草ナムル
・オクラハム巻き
・たまご焼き
・チキンフライ
・ウインナー

水も滴るいい女…。雨でも歩けば？

安い傘は壊れやすい。
こっちのことなど考えず、狭い玄関でも突然ヴァッサっと開く
やっすい傘には気をつけろ！！

梅雨時期のいま、傘は必需品です。
が、我が家の傘は消えやすい。
風の日にさそうものなら、ものの数秒で
ヴァホッッってなって壊れ、消える。

あるいは…
娘がお友だちに貸す＝返ってこない＝消える🎴ッ

忘れるのか、返すつもりがないのか
傘は我が家には二度と戻ってきません…。

はい
おはようございます。

梅雨です…。
どんよりジメジメジトジトの梅雨。
そんな梅雨も、沖縄では梅雨明けしたとか？
いいなぁ…夏だよ夏。
海だよ海！

我が島はまだまだ続きそうな梅雨。
早く梅雨明けて、夏来ないかなぁ…。

本日、雨空。
それでも歩いて帰ってくることを願い
娘にひと言もの申す！！

2014年7月11日（金）
お弁当名：25年前の記憶
ブログタイトル：ばれたか…

【材料】
・鮭

娘への
ひと言　さくらんぼの次はリンゴ攻めじゃ〜。

娘「ねぇ、さくらんぼ減らしたいからって、
お弁当に入れるのやめてくれない？」

ばれてる…。

私「いやいや💦💦たまには
デザートもあっていいかな〜って思って入れたんだよ〜🎵」
娘「絶対に減らしたいからだし😤」
私「…」

さくらんぼを頂くことが多く、さくらんぼ祭り状態。
家では食べない娘にどうにかして食べさせようと
連日入れたさくらんぼ。
そうでもしなきゃ減らないからさ…。

でも連日で入れたのはミスだったな😅

はい
おはようございます。

台風も過ぎ去り、いつもの空に戻りつつ…。
晴れた空が広がっているかと思っていたが甘かった…。

モヤモヤ、ジメジメの天気❄
髪の毛も爆発するっつぅのっ💢💢

今日のお弁当、懐かしい〜🐌と思うのは
私だけだろうか…。

2014年7月14日（月）
お弁当名：鶏時計
ブログタイトル：希望

【材料】
・ツナマヨ
・昆布

娘への
ひと言 　我が家にプレゼント制度はありません。

友人とお酒を楽しむ中、ピロン♪　娘からのLINE。

4カ月も先のバースデープレゼントを
画像つきでねだってきた💧

以下、LINEでのやり取り。

娘「誕生日は腕時計でいいよ」
私「いや…まだまだ先だし」
娘「すぐ」
娘「4カ月」
私「まだ先だし」
娘「先に買うって手もある」
私「てか、先取り？」
娘「毎日誕生日ってことで毎日プレゼント頂戴」

誕生日来てないのに、プレゼント先に!?👺
しかも毎日😤💢

はい
おはようございます。

昨日、LINEで誕生日プレゼントの希望を伝えてきた娘。
欲しいプレゼントは腕時計。

いやいや💧
朝、起きられないお前さんには、腕時計より鶏時計♪
腕で鶏が鳴けば、確実に起きるだろ🐓

2014年7月15日(火)
# お弁当名：山下画伯なんだな
ブログタイトル：お…お…おむ…

【材料】
・鮭
・昆布

 おむすび持って旅に出ろ！

娘「絶対に東京の病院に行ったほうがいいよ」
私「あ…」
娘「まじで絶対に行ったほうがいいから！！」

そんなにママのことが心配なのね…🎀

娘「病院行くついでにさ～、遊園地行こうよ😊」

🎛️💢

目的はそこ!?　ママを心配してくれてるわけじゃないのね🎏

はい
こんにちは。

なぜかバタバタと忙しく、いまごろのブログ更新というね😅
昨年の暮れから原因不明の肌の異常に悩まされている私。
月に2度しか来ない皮膚科にかかってはいますが、
いっこうによくなりません😭

やっぱり東京の病院に行ったほうがよいのだろうか…。
てか、ここも一応東京だけどね😊

今日のお弁当は

お…お…おむすびでいい…。

おむすび!?　ということでこちら🍙
おむすびといえば山下清さん🎶

お弁当名：クリスも言ってる
ブログタイトル：砂漠…

【材料】
・ほうれん草おひたし
・サラダスパゲッティ
・とうもろこし
・たまご焼き
・海老チリ
・ウインナー

娘への ひと言　お肌の曲がり角はすぐソコよ！！

私「ママのさ〜、顔、治らないのかなぁ…」

娘「歳だから…」

私「ママさ〜、太ったかなぁ…」

娘「もともと太ってるよ」

…お願いだから、も少し優しく言ってくれぇー

はい
おはようございます。

梅雨はどこへ行ったのか、晴天が続いております。
天気がいいのはいいけれど、暑いのだけは…

肌の調子もいまだによくならず
鏡を見るのが嫌になっております
調子が悪いうえに潤いがないというね

天気がいいと水分持っていかれるから…。
砂漠化してるわよ、砂漠化
潤いって大事よね…。

砂漠といえばラクダ。
ラクダといえば…クリス松村？？

若いからって何もしない娘に
肌の大切さを教えたい…。

2014年7月21日(月)
# お弁当名：雷様
ブログタイトル：バリバリ

【材料】
- プチトマト
- とうもろこし
- きんぴらゴボウ
- カイワレハム巻き
- たまご焼き
- 長芋の肉巻きフライ
- ウインナー

 ママの雷、落としたろか？

Ｙシャツをせっせとたたむ娘。
いい心がけだと思ったら…
友だちに貸すからとたたんでいただけ😆

友だちに貸す？
いやいや、お友たち、Ｙシャツあるっしょ💦💦

なにやら、就活でＹシャツとか？
普段、学校で着てるはずのＹシャツ。
なぜに人に借りる？

謎だ…。

今の若い子の考えることは、いまいちわかりません😅

はい
おはようございます。

バリバリと鳴り響く雷の音とともに目覚めるというね…。
もう少しゆっくり寝たかった🌱

梅雨明けの知らせかしら？
雷様もいいお仕事をしたことでしょう。

梅雨明けしたら本格的な夏ですね。

2014年7月22日（火）
お弁当名：ZEROつながり
ブログタイトル：シュワッとさ

【材料】
・ツナマヨ

お前もたまには炭酸のように弾けてみろ！

フフフ〜♪　ンフ〜フ♪

祭りに着たいという浴衣を羽織り
躍りながら次女の部屋に乱入する長女。

しつこいくらいにRepeatして歌う長女の声だけが
部屋に響き渡る。
あ…きっと相手にされてないんだろうなぁ…。

諦めたのか部屋から戻り
浴衣を脱ぎ捨てて帰っていった長女。

うん、わかるよ…次女よ。お前の気持ち…。
ウザいよ…。かなりウザい…。
でも諦めろ。それがお前の姉だから…💋

はい
こんばんは。

今日は娘も登校はなくお休み。

バタバタと忙しい私とは違い
きっと、だ〜らだらの1日を過ごしたことでしょう😆
だらだら…。子どもっていいな…。

コカ・コーラ ZERO！！　やる気ゼロ！！
雑な感じが漂うがそんなの気にしない🎶

2014年7月29日（火）
お弁当名：どんな味？
ブログタイトル：またか…

【材料】
・ツナマヨ

声も仕事もパワー全開で！！

私「ねぇ、いい加減に文化祭レストランのメニュー
教えてくれない？」
娘「えっ!?　知らないの!?💦」
私「いやいや💨💨　教えてもらってないから😅」
娘「Facebookにあげたから知ってるかと思ってた🎵」
私「てか、あんたのFacebook知らないし💨　で、何なの？」
娘「ドレッシングには胡麻油が入ってるよん🎶
フォッフォッフォッフォッ…😈」

👑

はい
おはようございます。

暑いです。本日も暑いです🎐
いい加減、暑さで干からびるっつう話よ…。

疲れが溜まってるせいでしょうか…。
どうしても気になる栄養系ドリンク。
burn！！

味…気になります。

本日から下の娘も私の職場でアルバイト開始！！
楽しみにしとけ。嫌がらせはお弁当だけじゃないぜ。
上の立場としてビシビシ厳しくしてやるからな⚓

2014年7月30日（水）
お弁当名：元気があれば…
ブログタイトル：頑張ってる

【材料】
・鮭
・昆布

 猪木に変わって闘魂注入ビンタしてやろか？

娘「お疲れさまで〜す」

キャップの上にヘルメット!?　それで帰るのですか？

娘「フフフ🎀」

怪しい笑みを浮かべ、バイト先から帰って行った娘。
絶対に自分の娘だということがばれませんように🎐

はい
こんばんは。

本日、バイト先で娘2人とともに働きました。
お菓子、焼いても焼いてもまだまだ足りない…。

8月になったら忙しさはさらにアップ。
ついていけるかしら…🌱　気合いで頑張るしかない✨

猪木ボンバイエ！！　気合い注入！！
弁当箱の蓋を開け、再び無言で蓋をする。

食べろやーーーー！！！
諦めて食した娘。本日も頑張って働きました😊

娘2人が揃うこともそうそうないので
仕事の一瞬の休息時に記念撮影もしましたよ。

お弁当名：MR.BBQ

ブログタイトル：まだまだ、あさる

【材料】
- ほうれん草おひたし
- 炒りたまご
- しょうが焼き
- ウインナー

 BBQ行かなきゃ夕飯なし！！

娘「ママってさ～、パパにカオリちゃんって呼ばれてた？」
というLINE。
私「そんな昔のこと覚えていません。何でそんなこと聞くの？」
なんだか怖い…。まさかラブレター見られた!?🇩🇪
と、思いきや、1枚の画像が送られてきました…。

高校時代に写真の裏に2人の想いを書いたものでした💦
何を書いていたかは言えませんが、娘に見られるとは
なんとも恥ずかしい🤦

その後、娘の押し入れあさりは続き、昔の写真を見ては大爆笑。

自分の写真、姉の写真、そして私の子どもの時の写真。
見比べてひと言。

なんだかんだ言ってママが一番ヤバイじゃん
ヒャッヒャッヒャッヒャッ…👻

肩をふるわせ笑い続ける娘…。
いいさ。笑いたいだけ笑えばいいさ。
いつか、お前が結婚する時に
ヤバイ写真を集めたスライドショーを流してやるからな☔

はい
こんばんは。

本日は友人宅でBBQ🎶
お弁当で出欠を確認したが、いまだ悩み続ける娘ちゃん。
いつまでも悩むお前を待てません💦
今日もたらふく食べて、たらふく呑むぞ！！
ママは先に出掛けます🤚

2014年8月20日（水）
お弁当名：解けるまでお預け
ブログタイトル：大きく口を開けて〜

【材料】
- プチトマト
- ほうれん草ナムル
- きんぴらゴボウ
- たまご焼き
- チキンフライ
- ウインナー

脳みそ、たまには使いなさい。

娘「ぼう…」
私「🤚💦え？」
娘「ぼうり…」
私「なに？🤚💦」
娘「…」

いやいや💦💦こっちがそうなりますから💏
ママの耳がおかしいわけじゃないよ。
あなたの声が小さすぎるのよ🎐

結局何が言いたいのかわからぬまま
娘は登校していきました…。

ただでさえ小さい声。
大きく口を開けて、大きな声で叫んでください🎋
なんなら今年のバースデープレゼント
拡声器にしましょうか⛲

はい
おはようございます。

ひさしぶりの夏休み登校日。娘の頭の中は眠ってることでしょう。
ならば頭を起こしてやろうじゃないか！！　わかるかな⛲
• •
2014年8月21日（木）

昨日のお弁当クイズ、皆様、頭を悩ませたようですね💏
我が娘も悩んだのだろうか…。
何も触れてこないってことは…無視して食べた!?🎐

そんなお弁当クイズの回答。答えは『空』でした😊

ttkk家の日常 9

とてつもなく理不尽な出来事に振り回されることがある。

2014年8月23日　ブログタイトル：土曜なのに…

「明日、学校だった」

と
夜中にLINEを送りつけてきた娘。

そういうことは

早めに言ってくれないかしら？

夜中にLINEって💦

あなたは人の都合というものを
考えていないのですか!?

あなたのLINEのおかけで睡眠不足よ💢

土曜なのに学校だと言われ
しかもお弁当がいるとか…。

ひさしぶりにゆっくり寝られると思ったのに。
気分は最悪よ💢

早起きしてお弁当を作り
娘を送り出したら、絶対に寝てやる💢

帰りは歩いて帰って来てもらおうじゃないか〜！

そんな思いを込めて
せっかく作ったお弁当なのに…

娘「お昼はいるって言ったけど、お弁当はいるって言ってない」

………

お弁当を置いて登校しやがった

早起きした私って…。

私の睡眠時間を返してください

2014年8月27日（水）
お弁当名：ダメよダメダメ
ブログタイトル：無計画…

【材料】
・たまご
・ハムチーズ

都会の誘惑に気をつけろ！！

船が出るぞぉ〜〜〜〜。ヴォ〜。

本日、我が娘はお友だちと
海を渡り本土へ遊びに行きました！！
なんと恐ろしいことに無計画旅行😱
予定も何も立ててないという行き当たりばったり旅行？

恐ろしい😱
電車にひとりで乗ったことのない娘だけど
大丈夫なのだろうか…。なんだか少し心配です😭

はい
こんばんは。

3泊4日の旅行だというのにリュックひとつで出掛けて行く娘。
リュックひとつって💦　何か間違っていないかい？
娘の中では近所に買い物に行く気分？
やっぱりおかしいよ娘さん…。

そんな娘を送り出し、ひとり寂しい夜を過ごしております。
居たら居たでムカつくけど
居ないと居ないで寂しく思うとか…なんだか笑えるね😭

東京でハメ外しすぎたら、ダメよ〜ダメダメ〜。
エレキテル朱美ちゃん。これ流行ってるの？
そんな朱美ちゃんを見て
無言でさっと✋友人に差し出す。

なんで!?
お前が食べろや💢

ttkk家の日常 10

お願いしているわけじゃないのに なぜか交換条件を突きつけられる。

2014年9月7日　ブログタイトル：じゃあさ～

ちゃんとこれも食べてね😣

娘「じゃあさ～、梨、剥いてよ😆」

………

食べるのと梨は関係ないし😅
早く片付けなさい💢

娘「じゃあさ～、梨、剥いてよ😆」

………

片すのと梨を剥くのは関係ないからね💢💢💢

何かと引き換えに
自分がしてほしいことを要求する娘😤

お前は子どもか!?

162

娘「梨、腐るよ〜だから剥いて」

そんなすぐに腐らんわ

梨くらい自分で剥けや

ちなみに本日のランチは、デザート付き。

冷凍庫に眠っている失敗したスポンジ。
そのまま食べても美味しくないし…。
チョコムースケーキに大変身

変身させれば
失敗したスポンジなんてばれやしない
美味しい出来に満足していたが…。

娘「ムース好きじゃないんだよね」

つべこべ言わずに食べろや

【材料】
・野菜サラダ
・タラモ
・ウインナー

カロリーオーバー、おデブまっしぐら。

私「包装紙買ってきてね♪」
　　　　　　　⋮
娘「これで大丈夫？」
私「いくらだった？」
娘「60円」
私「お釣りは？」
娘「えっ？」
私「えっ!?」
娘「フアッハッハッハッハッハッハッハッハ…🫠」

…🎴

このように釣り銭を取られ
私の財布から小銭は減っていく🎴

はい
こんにちは。

今日のお弁当は…娘のリクエスト、食パン一斤弁当！！！！！
あ、これ、上の娘の時に
お弁当を作るのが面倒で、過去にもやった焼きたて食パン弁当。

そんなお弁当に下の娘は、中学時代から憧れて✨✨

本当は食パン一斤とマヨネーズのみなんですが
黙ってリクエストに応える私ではありません🎴

蓋をペロン🤚　中身がこうなってます🌸

何やら19時まで文化祭準備とか？　ま、頑張れや。
そしてサラダのオマケ付き🎵　モアイも応援🌚

2014年9月26日（金）
お弁当名：先生頼むよ…
ブログタイトル：ママのせい

【材料】
・ほうれん草おひたし
・蓮根きんぴら
・シソ梅ちくわ巻き
・サラダスパゲッティ
・たまご焼き
・チキンフライ
・ウインナー

 娘へのひと言　明日からオカズは魚一色。

私「よし、病院へ行こう！！」

最近、貧血で倒れそうになった娘。
聞けばちょいちょいあったらしい😥

心配で病院に連れて行ってきた。
原因は何だ？　お前…最近痩せたし栄養失調じゃね!?

娘「ママが魚しか食べさせないから😭」

いやいや💦　魚、身体にいいですから💦💦
魚より肉派な娘、何だかんだと理由をつけ、魚を拒否る😤
魚は身体にいいんだぞ〜！

娘「ママのせい…ヒャーーーハッハッハッハッハッ😈」

…😶

血液検査した結果、貧血も栄養も異常なかった。
成長バランスの問題的な？　何事もなくてよかった💕
てか、栄養失調じゃなくてよかった…😌

はい
こんにちは。

台風の影響？　気圧の変化のせいで頭痛が続いております…。
頭痛、辛い…😇

3連休明けの娘。今日行ったら、明日、明後日もお休みなのに…。
今日、弁当ですか!?
どうせなら今日も休みにしてくれよ〜😫

2014年9月30日（火）
お弁当名：魚強化週間
ブログタイトル：閲覧注意？

【材料】
- かぼちゃサラダ
- きんぴらゴボウ
- ししとうハム巻き
- たまご焼き
- ぶり照り焼き
- ウインナー

 魚祭りだ ワッショイ♪

長女「まぁ、元気出しなよ。
笑顔が一番だよ、笑顔が🎵」

笑いたくなくても笑ってしまうわ💦💦

ひさびさに長女登場✨✨
この娘、行動がいつもわかりません。
突然、現れたかと思えば妹の部屋に入り妹の小道具で遊ぶ。

長女「おい!!　早く写真撮って、Facebookに載せろ!!」
…
迷惑そうな顔をして、仕方なく写真を撮る妹。
満足気な顔で部屋を後にする姉…。

ある意味凶器だな😆
小道具の眼鏡、外しても顔が変わらないような気がするのは
気のせいだろうか…😁

はい
こんにちは。

最高の天気。こんな日はピクニックなんかいいんじゃない🎵
とか言って、ピクニックなんかしないけどねーーー🐛

魚か肉か…どちらかというと肉派な次女。
昨日のお弁当に入れた鯖の塩焼き。
手をつけず残して帰ってくるというね🎆

肉派だかなんだか知らんが、入れられた物は残さず食べろや。
連日、魚を入れることはありませんが
ムカついたので本日も魚で攻める🐟

ttkk家の日常 11

不遜な態度はまるで王様。
その要求はほとんど魔王、の娘。

2014年10月8日　ブログタイトル：魔王…

これ、娘の迎えの呼び出し。

お気に入りのLINEスタンプを
上手く使いこなしてるところがすごい💦

ただ…あのね、

ママはそんなに暇じゃないのよ。

忙しいし
そんな娘に付き合ってもいられないので
無視しようかと思いましたが、
雨も降ってたので仕方なく迎えに行ってきたわよ💢

いつもそう。当たり前のように
毎度毎度の呼び出し連絡。

人の都合など考えない娘…。

王というより
魔王よねぇー。

なんかムカつくけど、こんなことする娘が
可愛いというかなんというか…。
ブツブツ文句をいいながら、
結局迎えに行っちゃうんですよね。

周りには甘やかしすぎとか
いろいろ言われるけれど仕方ないよ。

バカ親ですから。

娘には

やられっぱなしです

2014年10月14日（火）
お弁当名：ポイントはどう読むか
ブログタイトル：遅刻

【材料】
- 蓮根きんぴら
- 芋ゆかり
- オクラハム巻き
- たまご焼き
- 鶏肉と玉ねぎの甘煮
- ウインナー

 頭は使うためにある！！

はい
こんにちは。

台風も過ぎ去り、青空が広がっております。
娘が言うには20号が来るとか来ないとか!?
それ、本当だったら嫌な情報よ。
台風…これで終わりにしてください🎉

台風で休みを望んでいたであろう娘。
きっと頭の中は眠ってるわよ。
その眠ってる頭を起こしやがれ！！

ひさびさのクイズ弁当🍱なんて読むかな🎵

・・・・・・・・・・・・・・・・・・・・・・・・・・・・・・・・

2014年10月15日（水）

はい！！
昨日のクイズの答えは

『寝言』でしたーーーー😊

？わからない？？

「言」が横になってる。→言うが寝てる。
寝…言…→寝言🎵
頭悩ますクイズ弁当。次はいつかな🍱

2014年10月17日（金）
お弁当名：読めるかな〜
ブログタイトル：苦しむほどに…

【材料】
・サラダスパゲッティ
・ししとうおかか炒め
・シソ梅ちくわ巻き
・たまご焼き
・豚肉のケチャップ炒め
・ウインナー

 絶望的な未来、すぐそこだよ。

ピロン🎵　仕事中、娘からLINEが入った。

何かと思って覗いてみると
娘「夕飯カレーうどんね」
私「あんた、お昼食べたばっかじゃね!?」

お昼食べてすぐに夕飯のメニューを言ってくるとか
どれだけカレーうどん食べたいんだよ😁

無視してたのですが、しつこく言うので
昨晩の夕食はカレーうどんにしました。

おしゃれにカフェ風カレーうどん🎵
余計なことして…普通のでいいのに😁
きっと娘は思っただろうよ✋

普通じゃすませるわけがない！！
なぜなら…カレーの次の口じゃないのに
カレーうどんを求めたからさ👑

昨夜の夕食

はい
こんにちは。

テスト前期間に入っているはずの娘。
勉強する姿は見られません😁　余裕なのか、諦めてるのか…。
娘よお前に捧げるよ、この言葉。

「刻苦勉励」

心身を苦しめ、仕事や勉学に励むこと。
苦しむほどに、勉強してみろーーーーー！！

ttkk家の日常 12
覆しようのない事実を捻じ曲げる才能を持つ娘。

2014年11月18日　ブログタイトル：青空です

む

か

え

1文字ずつ送られてきた
迎えを呼ぶ言葉。

なに？
その送り方。

呪文的な？

そんな呪文
ママには通用しないわよ

と、言いつつ娘の呪文にかかり
迎えに行ってしまうというね

無言で乗り込んできた娘に
「今日のバイトはバイクで行くよね？」
と訪ねてみれば

娘「雨降ってるから…」

雨？？

真っ青な青空ですけど!?

雨…青空😅

雨が降ってもいないのに
~~雨だと言い張る娘。~~

外は青空。

お前の心には
大雨でも降っていたのかい？

2014年11月25日（火）
お弁当名：いろいろ寒い
ブログタイトル：財布もね

【材料】
・ブロッコリー
・プチトマトツナマヨ詰め
・茄子煮浸し
・かぼちゃ煮
・枝豆
・たまご焼き
・海老マリネ
・魚味噌焼き

たっぷり稼いで、早くラクさせろ。

娘「買い物行こうよ」
私「行かない」
娘「何で!?」
私「お金ないから行きません🙅」

娘「いーじゃん行こうよ〜」
私「行・か・な・い」
娘「買わなくても一緒に行くだけでいいからさ〜」

え…そんなにママと一緒がいいのかよぉ〜。

そう思うのは大間違い。
結局お菓子を買わされます。
娘の甘い言葉には気をつけろ

はい
こんにちは。

寒い朝。早起きするのが辛くなってきました。
いつまでもぬくぬくの布団の中で眠れたらいいのにな…。

今日のお弁当、みつを風再び。
朝も寒いが、財布も「寒いんだもの」。
あ〜娘、小遣いくれないかなぁ〜。

2014年11月28日（金）
お弁当名：いますぐ食べたい
ブログタイトル：いいところ

【材料】
・ブロッコリー
・芋フライ
・ほうれん草ナムル
・キンピラごぼう
・半熟たまご
・ウインナー
・鳥の塩焼き

そういえば、泣き虫だったなキミ。

家族のいいところ。
あらためて聞かれるとなかなか出てこないものだ。

上の娘が中学時代、自分新聞という課題の中で
「家族のいいところ」を書いていたことを思い出した。

☆ママのいいところ
・怒るところ。
・怒ると怖いけど、わかるまできちんと怒ってくれる。

☆パパのいいところ
・パパは離婚して家にいないけど、優しいところ。

☆妹のいいところ
・諦めないで泣き続けるところ。

諦めないで泣き続ける？
「諦めない」が、ちと違うような気もするがの。
上の娘的にはそこがいいと思えたんでしょうね😁
子どもの見方や捉え方って面白い。

はい
こんにちは。

朝から食べたくて仕方がないお茶づけ。

ズンチャ🎵ズンチャ🎵ズンチャチャズンチャ🎵
レゲエのリズムで伝えよう♪
お茶づけ食べたいyo！！
お茶づけカラーとレゲエカラー、似てるよね。

2014年12月2日 (火)
お弁当名：2014流行語大賞

ブログタイトル：請求

【材 料】
・プチトマト
・ほうれん草ナムル
・蓮根揚げ
・マカロニサラダ
・たまご焼き
・海老チリ
・ウインナー

徒歩賃よこせ？　ならば、送迎賃をいただきます。

娘「たまご代300円」
私「300円🈂　その卵は高級な黄金の卵かい？」
そんなに高いわけはないと、理由を聞けばボソボソと答える。

娘「徒歩賃🚶」

たまご代と言いながら、徒歩賃まで請求するとは…。
娘、恐るべし💢

はい
こんにちは。

12月に入ったと同時にバタバタと忙しさを感じます。
町中も動き始めましたよ。
忘年会にクリスマス。年末に向けての準備に…。
テレビ番組も年末モードになりつつありますね。

流行語大賞が決まりました！！

「ダメよダメダメ〜」と「集団的自衛権」
あえての集団的自衛権のほうで攻めてみた😅

安倍さんに、見えるのか見えないのか…。
ま、そんなのは気にしない🎶

2014年12月3日（水）
お弁当名：図解・ここがポイント
ブログタイトル：ポ…

【材料】
・昆布
・梅

 娘へのひと言　ポインセチアくらいは覚えておけや。

娘「迎えきて。ポ なんとかがあるから」

はいはい…。
相変わらず我が家の王。娘からの呼び出しです。
ところで、ポ なんとかってなんだ？？

ポ…ポ……？　ポインセチアね😆
この時期には欠かせない花♪
クリスマス＝ポインセチア。みたいな？　赤に緑。くぅ〜😋
クリスマスカラー🎶　いいね〜可愛い〜ね〜💞

学校から持ち帰ってきたポインセチア。
クリスマスの欠片もなかった我が家に
クリスマスムードを作ってくれました✨✨

はい
こんにちは。

なにやら今シーズン初、最強の寒波襲来だとか？
うん、寒いよ。我が島、八丈島も寒いです❄

本日、フードデザイン授業のためお弁当はお休み。
おにぎりは欲しいと言うので、おにぎり2個弁♪

昨晩、胃が痛いと言っていた娘、
ご飯も食べてないけど大丈夫か？

胃痛…原因はわからんが、とにかく押せばいい！！
胃痛のツボ「ちゅうかん」。

押せ！！　押すんだ！！！　胃痛… 早く治るといいね😆

2014年12月5日（金）
お弁当名：打倒インフルエンザ
ブログタイトル：女神です

【材料】
- プチトマト
- かぼちゃ煮
- オクラ
- シソツナ揚げ巻き
- マカロニサラダ
- たまご焼き
- 魚フライ
- ウインナー

 自分の身は自分で守れ！！

説明しよう！！
鬼とは…日本の妖怪。
勇猛・強者・豪快・化け物の意味であ〜る。

これ、娘が送りつけてきた娘側のLINE画面。
はい、また、芋〜。
どんだけ芋好きなんだよ💦💦

娘のLINE画面

てか、そんなことより我が娘、
私のことを「鬼」と登録。
こんなに優しいママ捕まえて、鬼はない。
どっからどう見ても女神だろが😭

ま、考え方変えたら、恐れられてるわけですし
いいんですけどね😅

はい
こんにちは。

お腹が空き過ぎて、お腹の中から
叫び声が聞こえております。
空腹を満たすか、夕飯まで我慢するか…。
とりあえず水飲んどこ♪

インフルエンザが流行り始めてるとか？
インフルエンザ…辛いよね🤧
そんなインフルエンザ、かかる前に対策を！！

お茶うがいがいいらしい。
娘さん、帰ったらお茶うがいやで🍵

2014年12月8日（月）
お弁当名：マツコサンタの小言

ブログタイトル：説明書

【材料】
- オクラハム
- きんぴらゴボウ
- サラダスパゲッティ
- たまご焼き
- 鶏肉のバジル焼き
- ウインナー

 娘へのひと言：誰が似てるって!?

娘たちの説明書を紹介してみる。

◆長女◆
・案外真面目です。
・よく口にする言葉→「ねぇママ～」
・食べることが大好きです。食べさせてあげてください。
・ネギトロを定期的に与えると最高な笑顔を見せてくれます。
・寂しがり屋です。優しく接してあげてください。

◆次女◆
・かなり真面目です。
・よく口にする言葉→無口なので言葉が浮かびません（笑）
・芋が大好きです。芋を食べてもおならは出ないそうです。
・アイスがないと少し不機嫌になります。
・一匹狼タイプですが、周りに誰かがいます。
・害がないタイプなので友だちに好かれます。
・常になにかをたくらんだ笑みを浮かべています。
・人をいじるのも好きですが、いじられるのも案外好きです。
・いじりまくってください。可愛い笑みを浮かべます。

え？　ママの説明書はないのか？　聞いちゃいます!?
それは…秘密でございます🐚

はい。こんにちは。
憂鬱な月曜日。朝からやる気は起きず
ダラダラとした月曜日がスタートです。
あ…毎日が日曜だったらいいのになぁ…。

テスト期間中のため、
娘の代わりにアルバイトに行かなくてはなりません。
朝から仕事して、夜は娘の代わりに働く…忙しいね🍧

あ〜た、夕飯作る時間なんかないじゃない✳
ま、怒っても仕方ない。とりあえずマツコ風に言ってみる。

夕飯作りなさいよ。

2014年12月11日（木）
お弁当名：大きく口を開けて！
ブログタイトル：小さっ

【材料】
・かぼちゃ煮
・ほうれん草おひたし
・蓮根サラダ
・うずらのたまご
・たまご焼き
・鯖塩焼き
・ウインナー

 態度の大きさ、不要です。

私「ねぇ、テストはどうだったの？」
娘「ボソボソ…」
私「ねぇ、テストはできたの？」
娘「ボソボソ…」
私「えっ👋」
娘「ボソボソ…」

お前の声はちっさくて聞こえないんだよ🎇
声を出せ！！声を！🎇

必要以上に言葉を発しない我が娘。
たまに声を出す時もあるが、声が小さすぎて聞こえません。
大声を出すとか、はしゃぐとか、娘にはないのだろうか…。
お友だちと会話するときも声は小さいのか？
不思議がいっぱいの娘。

できることなら、小さい箱の中に娘を入れて
1日、観察してみたいものだ。

はい
こんにちは。

さあ、大きな声で読みましょう！！

態度は小さく、声はでっかく！！

これで小さいままだったら…
クリスマスプレゼントは拡声器に決まりだな⛵

2015年「嫌がらせ弁当 4年目」〜そして卒業へ〜

最後のお弁当を作った感想は
「終わった！」
という喜び。そして、
「もう、毎日作ることはなくなるのか…」
という、言いようのない寂しさが入り混じったものでした。

そもそものモチベーションが「嫌がらせ」だったわけですし、
もっと大きな開放感があるかと思ったのですが。
思ったより寂しさと喪失感があったことに、
自分でもびっくりしています。
まぁでも3年間作り続けたわけですから、よくやったということで。

はたして娘は、3年間受け続けた嫌がらせについて
どんな思いを抱いているのでしょうか。
じっくり聞いてみたいけど、
やっぱり「ウザかった」しか言わないのかな。
でも、ママは楽しかったよ。

年が明けてから最後のお弁当までは、
ラストスパートということで気合いが入りました。
込めたいメッセージはたくさんあったけど、
結局シンプルでストレートになったかな。

最後まで手を抜かず、それでいて
いつも通りのテンションを保つ…。
心の中ではカウントダウンをしながら。
私の胸に抱いた複雑な思いが、
娘に伝わっていたかどうかはわからないですが。

お弁当を作りつつ、卒業してからの娘の将来を
ぼんやりと考えることもありました。
私が飲食に関わる仕事をしていたのを見て育ったせいか、
娘も飲食関連の仕事に進みたいという目標があるようです。

どうやら、夢はバーテンダーになることのようで。

実は私も、いつか飲食店を経営したいと思っているので、
将来一緒に何かできたら、と考えてくれているんだろうと、
勝手に解釈しています（笑）。

ちなみに子どもの頃に語ってくれた夢は、
姉妹ともに「ケーキ屋さん」でした。
嬉しいことに「ママと一緒に」という注釈つきで。
当時は「なんて素敵な夢なの！　可愛い娘たち！」と
感動していたものです。

ただ…

下の娘は、幼稚園の卒園ギリギリまで、
「ママとケーキ屋さんをする！」と言っていたはずなのに
卒園式で将来の夢を聞かれた時に
なぜか「歯医者さん」と胸を張って言い放ち
勝ち誇った顔で退場するという…。

思えば、この頃からすでに反抗期だったのかも。
もっと早めに「嫌がらせ」しておくべきだったか…。
実際のところ、本当は何になりたかったかよくわからないので、
「きっとケーキ屋さんだったんだろうな」
と、美しい思い出を大切にしておこうと思います。

とにかく、私は高校を卒業する娘を
今までと同じように見守っていくことしかできません。
これからどうなっていくかは、わからないけれど、
自分をしっかり持って、何かを残せる大人になってくれたらいい。
そう思っています。

2015年1月9日（金）
お弁当名：まだまだ続く
ブログタイトル：初弁

【材料】
・ほうれん草ナムル　・たまご焼き
・マッシュポテト　　・ウインナー
・きんぴらゴボウ　　・唐揚げ

 嫌がらせ、終わるわけないじゃない（笑）

近づいてる…近づいてる…。

娘の卒業の日が…✈️

残りあと1年、なんて思っていたけれど
その1年はあっという間に経ち

気がつけば、残すところわずかとなりました。
高校卒業だけでなく、お弁当の卒業も間近です。
時が経つのは本当に早いよね…。

はい
こんにちは。

冬休みも終わり、お弁当再開の日が来ました。

お弁当再開したけれど
そのお弁当も、あと何回作れることか…。

寂しいような、嬉しいような…😭

ずっと前からやりたかった
テリー伊藤さん🐛

2015年初弁。
スタートを切って頂きました！！

残りわずかなお弁当作り💗

ラストまで全力で嫌がらせ
楽しんで行くぞ！！！！

2015年1月22日（木）
お弁当名：最後の小言〜その1〜
ブログタイトル：カウントダウン3

【材料】
- ほうれん草とニンジンのナムル
- マッシュポテト
- 蓮根揚げ
- 半熟たまご
- ローストビーフ
- ウインナー

 親は召し使いじゃないんだぞ！！

送ってって、迎えに来て、○○やって…🫠
ワガママ言いたい放題。
そんな娘の頼みごと、ムカつきながらも
ついつい聞いてしまう私🫥

子どもというのは、それをいいことに王様気取り。
親のことを召し使いのように使いこなす。
恐ろしい生き物よね🫧
でも、そんなワガママが通用するのはもう終わりです。
世の中に出たら、そんなに甘いもんじゃありません☂

親元を離れたら、自分のことは自分でやらなければなりません。
学生時代とは違い、ワガママも通用しなくなります✋
厳しい世の中が、この先待ってるんだぞ！！
わかってんのか娘！！！！

はい
こんにちは。

娘の巣立ちの時期が近づいております。

まあ、我が娘は、家を出るわけではないのですけどね。
でも、自分の夢に向かって、いつか家を出ることでしょう。
家を出る…。考えると寂しいね。
娘の王様気取りなワガママも聞けなくなると思うと…。
でも、みんなそうやって大人になっていくのよね。
娘よ、最後の小言として、この言葉を送ります。

「すべてが思い通りになると思うな！！」

うん。厳しい世の中、もみくちゃにされて大きくなれよ！

2015年1月23日（金）
お弁当名：最後の小言〜その2〜
ブログタイトル：カウントダウン2

【材料】
・プチトマト
・ブロッコリー
・蓮根きんぴら
・なす煮浸し
・たまご焼き
・海老とクリームチーズチリソースがけ
・ウインナー
・チキンローズマリー焼き

 無駄だと思うことが無駄なんじゃ！！

世の中には、無駄だと思うものがたくさんある。
そんな無駄なことに
時間を費やすのは、本当に無駄なのだろうか…。
なんて思う人もたくさんいるでしょう。

言ったって無駄だから。やったって無駄だから

我が娘もよく言う言葉。
そんな風に言うけれど、やってもないのになぜわかる？
何もやらずに無駄かどうかなんてわかるわけがない
無駄だと思うことだって、やってみなくちゃわからんぞ！

そう考えると
何でもやってみたくなる私がいます。

はい
こんにちは。

「無駄〜無駄〜」と
無駄だと思うことには手を出さない娘。

そうやって、
人生、楽に生きようと思っていないかい？

そんなこと言わずにさ、やってみるのもいいかもよ。

「無駄だと思うことも本気でやれ！」

無駄だと思うことも
いつかきっと無駄じゃなかったことに
気づく時がくるから✨

ブログタイトル：カウントダウン1

【材料】
- きんぴらゴボウ
- 芋ゆかり
- 明日葉のツナマヨサラダ
- 半熟たまご
- サーモンフライ
- ウインナー

夢は見るもんじゃない、叶えるものだ！

時が経つのは早いもので
高校入学とともに始まったお弁当作りも
いよいよ明日がラストとなりました。

朝ご飯を食べない、そして夕食は米を食べない。
そんな娘のために、お弁当で米養をとってもらおうと
私なりにバランスを考えて作ってきました。

嫌がらせで始まったキャラ弁は、いつからか
コミュニケーションに変わり、毎日を楽しませてくれました。
そんなお弁当も、明日がいよいよラストとは…。

はい
こんにちは。

皆さんには、夢はありますか？
夢を持つというのはとても素敵なことで、
夢を持つ人ほどキラキラと輝いております✨

我が娘も小さな頃から夢を持っております。
数年前まではプロダンサーでしたが、今はバーテンダー。
おいおい、バーテンダーという職業は接客業よ。
喋らないあなたに、そんなお仕事ができるのかい!?
なんて心配もありますが
夢を持ち、それに向かって走り続けるなんて素敵なこと。
そう、夢は見るものじゃない。叶えるもの。
誰がなんと言おうと
「夢を叶えろ！！」

いつかあなたの作るカクテル、ママにも飲ませてね♪

2015年1月27日（火）
「嫌がらせ弁当」最終日

お弁当卒業、おめでとう。
嫌がらせなお弁当にもかかわらず、
3年間お弁当を食べ続けてくれたこと、
そして付き合ってくれたこと、本当にありがとう。

高校に入学してから始まったお弁当作りは
長かったようで、あっという間でした。

あなたは「高校生なのになんでキャラ弁？」
なんて思うこともあったでしょう。
そもそもの始まりはあなたの反抗期が理由だったのよ。

毎日のお弁当作りでさえ逃げ出したくなるくらい大変なのに
キャラ弁にしたら、時間はかかるし手間はかかるし大変さは倍以上。

仕返しで始めたキャラ弁だったから、あなたが喜ぶようになったら
やめようと決めていたけれど、そんな声はなかなか聞けず、
ただただ嫌がるあなたがいましたよね。
そうなったらお弁当作りも戦いです。私とあなたの戦い。

でも、戦いを続けていくうちにお弁当作りは楽しさに変わり…。

蓋を開けて「チッ」と舌打ちをするあなたの顔。
お友だちと笑いながら食べる姿。
そんな想像をしながら作るお弁当は、楽しくて楽しくて。

忙しい日も、飲みすぎて辛い日も作り続けられたのは、
普段何もしてあげられなかったあなたへの
ママなりの愛情。

お弁当を通じて、いろんなことを教えてくれたあなたへの
感謝の気持ち。

お弁当を作り続けた3年間でいろんなことを学んだママだったけど
あなたもこの3年間で成長してたよね。

普段多くを語ることもなく
何かを見せるわけではないあなたでしたが
日々の生活、学校生活の中で成長していくあなたの姿は
ちゃんと見したよ。

まだまだ足りない点はたくさんある気もするけど
そんな姿を見ることができて、少しホッとしています。
少しずつ少しずつそうやって大人になるのよね。
そしていつかママの元から離れていく…。

そんなことを考えると、嬉しいような、寂しいような…。
いろんな想いはあるけれど、あなたの成長は嬉しいことです。
これから先は、もっともっとたくさんのことを話し、
今まで以上に素敵な親子関係を築いていけたらいいよね。

最後に。

お弁当だけでなく、あと少しで高校も卒業です。
高校を卒業したら学生時代とは違って
大変なことや辛いことがいっぱい待っています。
でも、そのすべてがあなたにとって大切なことです。
たくさんの経験をして、たくさんのことを学んで
大きくなってください。

本当に辛くて押し潰されそうな時は、ママに言えばいいよ。

一緒に過ごしてきた18年間、楽しい時間をありがとう。
ママの娘でいてくれてありがとう。

あなたが娘であること、あなたの母親であること、
本当に幸せに思います。

ママより

2015年1月27日（火）

嫌がらせ弁当・完

「ひとりじゃ絶対に食いきれんだろ（笑）」ママより

【材料】
- プチトマト
- ポテトサラダ
- 蓮根の味噌バター炒め
- 明日葉の生ハム巻き
- たまご焼き
- ウインナー
- 長芋の肉巻きフライ

高校に進学してお弁当が始まり
初めてキャラ弁を見たときは
「あ…本当にやるんだ…」という感想でした。

友だちはみんなすごい！　可愛い！　って言っていましたが
私は可愛いなんて思いませんでした。

嫌がらせって言ってたけど
作るのが楽しかったんでしょ？　きっと（笑）。

でも、どんな時でも出来合いのものではなく、
手作りだったのはすごいと思っています。

そして、卒業して「キャラ弁」がなくなるのは嬉しいですが
「お弁当」がなくなってしまうのは悲しい気もします。

私はキャラ弁を望んでいたわけではありませんが、
家で夜中の1時過ぎくらいまで仕事をしているのに
朝5時くらいから台所でカチャカチャお弁当を作ってくれたこと、
実は感動しています。

ご飯の時「美味しい？」って聞かれても
いつも何も言わない私ですが
ママの料理は美味しいし、私はママの料理が大好きです。

料理やお菓子もそうだし、小さい頃から服を作ったりとか
すべてやってくれていて、かなわない存在です。

私は将来バーテンダーになりたいという夢があるので
高校を卒業しても八丈島に残り
働いてお金を貯めようと思っています。

その間に、島でお店を開きたいとか、東京に出たいとか、
しっかりとした夢を見つけるつもりです。

お姉ちゃんも近くにいるし
もうしばらくは、家族みんなで過ごしたいので
今まで通りの関係を続けられたらいいな。
これからも、お世話になる気満々です。

ママは最強最高に恐いし
変なことばっかりして笑わせてきてうざいけど

心の底から尊敬しています。
ママのようになりたいと思っています。

最後に、3年間きっちりキャラ弁でしたが
お弁当ありがとうございました。

今まで私のためにやってくれたこと、すべてに感謝しています。

反抗期ムスメより

ttkk（Kaori）

八丈島（東京都八丈町）出身。高校卒業後に本土に転居し、結婚、出産を経験。帰島したのちに2人目の娘が誕生するも、その6年後に離婚。シングルマザーとして2人の娘を育てるかたわら、2012年から始めたブログ「ttkkの嫌がらせのためだけのお弁当ブログ」が主婦層を中心にブレイク。2014年9月19日には「Amebaブログ デイリー総合ランキング」で1位を獲得した。ブログは現在も継続中で、多い時には1日で100万アクセスを超える。

ttkkの嫌がらせのためだけのお弁当ブログ　http://ameblo.jp/kaerit/

反抗期ムスメに向けたキャラ弁ママの逆襲 今日も嫌がらせ弁当

2015年2月5日　　第1刷発行
2015年2月13日　　第2刷発行

著者	ttkk（Kaori）
発行人	塩見正孝
編集人	槻 真悟
発行所	株式会社三才ブックス
	〒101-0041　東京都千代田区神田須田町2-6-5 OS'85ビル
	TEL 03-3255-7995（代表）
	FAX 03-5298-3520

印刷・製本	図書印刷株式会社
編集協力	株式会社スポッティング
撮影（表紙）	村本祥一（BYTHEWAY）
イラスト	馬場言葉
装丁	上野秀司

ISBN 978-4-86199-756-3　C0095

本書の無断複写（コピー、スキャンなど）は著作権法上の例外を除いて禁じられています。
定価はカバーに表記してあります。
乱丁本、落丁本は購入書店明記のうえ、小社販売部までお送りください。送料小社負担にてお取り替えいたします。

©2015 ttkk(Kaori), Printed in Japan

Special Thanks
©キリヌケ成層圏（p86、p134）
©七味唐辛子（p98）
©アキヤマミハル（p108）
©三煌（p128）
©邪悪なハンコ屋しにものぐるい（p130）
©HIROKOJI（p146）
©似顔絵一番堂（p152）
©にがおえや Happy Seed（p154）

**「ttkkの嫌がらせのためだけのお弁当ブログ」
ファンのみなさま**